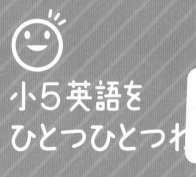

小5英語を
ひとつひとつわ

Gakken

ひとつひとつわかりやすく。シリーズとは

やさしい言葉で要点しっかり！

むずかしい用語をできるだけ使わずに，イラストとわかりやすい文章で解説（かいせつ）しています。
英語が苦手な人や，ほかの参考書は少しむずかしいと感じる人でも，無理なく学習できます。

ひとつひとつ，解くからわかる！

解説ページを読んだあとは，ポイントをおさえた問題で，理解した内容をしっかり定着できます。
テストの点数アップはもちろん，英語の基礎力（きそりょく）がしっかり身につきます。

やりきれるから，自信がつく！

1回分はたったの2ページ。
約10分で負担感（ふたんかん）なく取り組めるので，初めての自主学習にもおすすめです。

この本の使い方

1回10分，読む→解く→わかる！

1回分の学習は2ページです。毎日少しずつ学習を進めましょう。

左ページが
解説です。

書きこみ式の
練習問題です。

解答・解説

答え合わせもかんたん・わかりやすい！

解答は本体に軽くのりづけしてあるので，ひっぱって取り外してください。
問題とセットで答えが印刷してあるので，ひとりで答え合わせができます。

復習（ふくしゅう）テストで，テストの点数アップ！

ある程度のまとまりごとに，これまで学習した内容を確認（かくにん）するための「復習テスト」があります。

CDつき＆音声アプリ対応で聞く・話す対策（たいさく）も！

英語の音声を聞く・話す練習がたくさんできるようになっているので，会話の力がつきます。

☺ 学習のスケジュールも，ひとつひとつチャレンジ！

まずは次回の学習予定を決めて記入しよう！

1日の学習が終わったら，もくじページにシールをはりましょう。
また，次回の学習予定日を決めて記入してみましょう。

学習が終わったら
シールをはります。

次回の学習予定日を
決めて記入します。

カレンダーや手帳で，さらに先の学習計画を立ててみよう！

おうちのカレンダーや自分の手帳にしるしをつけて，まずは1週間ずつ学習スケジュールを立ててみましょう。
それができたら，次は月ごとのスケジュールを立ててみましょう。

ひとつひとつを
月と金にやるぞ！

☺ みなさんへ

　英語は，こわがらずに使おう・話そうという姿勢がとても大切です。この本は，読み書きだけでなく，聞いたり話したりする練習もできるように作られています。みなさんはどうか，はずかしがらずに，大きな声で英語を口に出しながらこの本に取り組んでください。

　みなさんがこの本で大きな自信をつけて，学校の授業や外国の人とのやりとりで，どんどん英語を話せるようになってもらえれば，とてもうれしいです。

スマホ用音声再生アプリ
my-oto-mo（マイオトモ）

下記よりダウンロードしてください。
（パソコンからはご利用になれません。）

https://gakken-ep.jp/
extra/myotomo/

アプリは無料ですが，通信料は
お客様のご負担になります。

もくじ 小5英語

次回の学習日を決めて，書きこもう。
1回の学習が終わったら，巻頭のシールをはろう。

わかる君を探してみよう！

この本にはちょっと変わったわかる君が全部で
9つかくれています。学習を進めながら探して
みてくださいね。

色や大きさは，上の絵とちがうことがあるよ！

01 アルファベットの大文字

英語の文字はアルファベットといって 26 文字あり，それぞれに大文字と小文字があります。

大文字 **ABC**
小文字 **abc**

形が全然ちがう文字と似ている文字があるね。

A は「エイ」，B は「ビー」のように読みますが，単語の中では読み方がいろいろ変わります。

文字の名前　　　　　単語の中

A a「エイ」
B b「ビー」

「ア」と「エ」の中間のような音
apple
book
「ブ」と読む

単語の中では音がいろいろ変わるのね。

まずはそれぞれの文字がどのように発音されるのか，音声を聞いてみましょう。

★ アルファベットの大文字

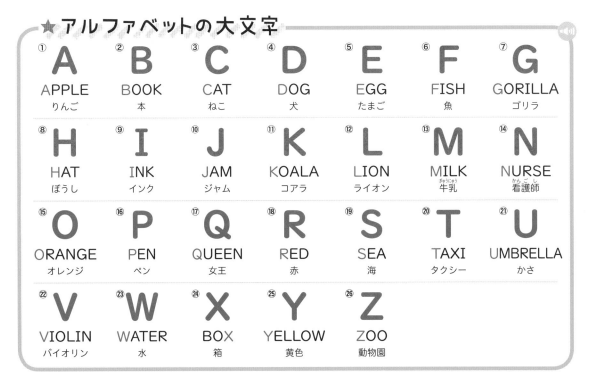

① A APPLE りんご	② B BOOK 本	③ C CAT ねこ	④ D DOG 犬	⑤ E EGG たまご	⑥ F FISH 魚	⑦ G GORILLA ゴリラ
⑧ H HAT ぼうし	⑨ I INK インク	⑩ J JAM ジャム	⑪ K KOALA コアラ	⑫ L LION ライオン	⑬ M MILK 牛乳	⑭ N NURSE 看護師
⑮ O ORANGE オレンジ	⑯ P PEN ペン	⑰ Q QUEEN 女王	⑱ R RED 赤	⑲ S SEA 海	⑳ T TAXI タクシー	㉑ U UMBRELLA かさ
㉒ V VIOLIN バイオリン	㉓ W WATER 水	㉔ X BOX 箱	㉕ Y YELLOW 黄色	㉖ Z ZOO 動物園		

1 音声のあとについて，Aから順にアルファベットの名前を読みましょう。
読んだら，文字をなぞって，その右側に2回ずつ書きましょう。

A A A

B B B

C C C

D D D

E E E

F F F

G G G

H H H

I I I

J J J

K K K

L L L

M M M

N N N

O O O

P P P

Q Q Q

R R R

S S S

T T T

U U U

V V V

W W W

X X X

Y Y Y

Z Z Z

😊 ちゃんと声に出して読むのがとても大切だよ！

※アルファベットには，決まった書き順はありません。
ここでは書きやすい書き方の一例を示しています。

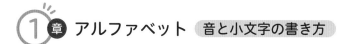

学習日 月 日

02 アルファベットの小文字

◀))) 03

前回学習した大文字は，人の名前の最初や文の最初など，限られた<ruby>鍵<rt>かぎ</rt></ruby>られたときにだけ使います。それ以外は，英語は小文字で書くのがふつうです。

★ 大文字を使うとき

名前→ **Sayaka**
地名→ **Tokyo**

文頭→ **Hello.**
<ruby>略語<rt>りゃくご</rt></ruby>→ **CD**

小文字のほうがよく使うのね。

大文字と小文字の発音は同じです。改めて発音を聞きながら，形を見てみましょう。

★ アルファベットの小文字

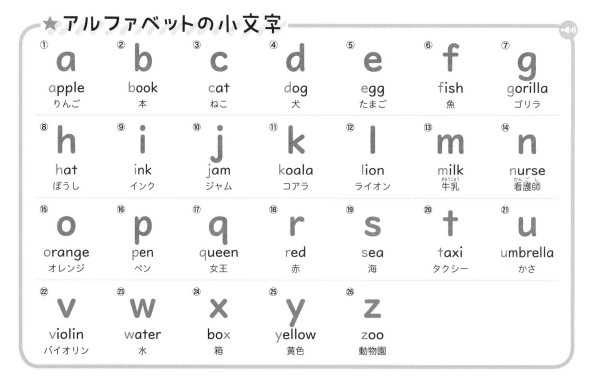

① **a**	② **b**	③ **c**	④ **d**	⑤ **e**	⑥ **f**	⑦ **g**
apple りんご	book 本	cat ねこ	dog 犬	egg たまご	fish 魚	gorilla ゴリラ
⑧ **h**	⑨ **i**	⑩ **j**	⑪ **k**	⑫ **l**	⑬ **m**	⑭ **n**
hat ぼうし	ink インク	jam ジャム	koala コアラ	lion ライオン	milk 牛乳	nurse 看護師
⑮ **o**	⑯ **p**	⑰ **q**	⑱ **r**	⑲ **s**	⑳ **t**	㉑ **u**
orange オレンジ	pen ペン	queen 女王	red 赤	sea 海	taxi タクシー	umbrella かさ
㉒ **v**	㉓ **w**	㉔ **x**	㉕ **y**	㉖ **z**		
violin バイオリン	water 水	box 箱	yellow 黄色	zoo 動物園		

小文字は，文字によって高さがちがうので，書くときに注意しましょう。

A G J

a f j

大文字は全部同じ高さだよ！

小文字は上や下にのびるものもあるんだ。

1 音声のあとについて，*a* から順にアルファベットの名前を読みましょう。
読んだら，文字をなぞって，その右側に2回ずつ書きましょう。

a   a

b   b

c   c

d   d

e   e

f   f

g   g

h   h

i   i

j   j

k   k

l   l

m   m

n   n

o   o

p   p

q   q

r   r

s   s

t   t

u   u

v   v

w   w

x   x

y   y

z   z

😊 すらすら書けるように練習しよう！

03 英語の書き方のルール

🔊 05

今回は，英語の単語と文の書き方のルールを見ていきましょう。

★ 単語を書くときのルール

単語を書くとき，文字と文字の間は，つめすぎてもあけすぎてもいけません。

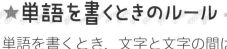

○ よい例　**apple**　　× つめすぎ！　**apple**　　× あけすぎ！　**a p p l e**

人の名前や地名の最初の文字はいつも大文字で書きます。

さやか (人名)　**Sayaka**

東京 (地名)　**Tokyo**

人名・地名の最初は大文字だよ！

英語の文を書くときのルールを，英語のあいさつを例に見てみましょう。音声を聞いて，あとについて言ってから，書き方の注意点を確（たし）かめましょう。

★ 文を書くときのルール

文の最初は大文字

Hello.　　文の最後にはピリオド（.）をつける

こんにちは。

ピリオドつけるのわすれそう！

単語と単語の間は小文字１文字分くらいあける

Good morning, Jim.

おはよう，ジム。

名前をよぶときの区切りはコンマ（,）

How are you?　たずねる文の最後はクエスチョンマーク（?）

お元気ですか。

「わたしは」のIはいつも大文字

「'」はアポストロフィーという

I'm fine, thank you.

元気です，ありがとう。

基本練習

→ 答えは別さつ2ページ

1 次の日本語を英語で書きましょう。大文字と小文字の使い分けに注意して正しく書きましょう。

（例）北海道

Hokkaido

(1) 東京

(2) さやか（人名）

2 音声を聞いてから，下に英語を書きましょう。大文字と小文字の使い分けやピリオドなど，書き方のルールに注意して正しく書きましょう。

(1) こんにちは。

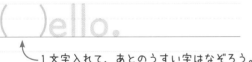

└─ 1文字入れて，あとのうすい字はなぞろう。

(2) おはようございます，あや。

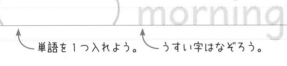

└─ 単語を1つ入れよう。 └─ うすい字はなぞろう。

(3) お元気ですか。

└─ 左ページを見ながら，1文全部書いてみよう。

(4) 元気です，ありがとう。

└─ 左ページを見ながら，1文全部書いてみよう。

😃 できなかった問題は，復習しよう。

04 自己しょうかいをしよう！

07

自分の名前を伝えるには，次の２つの言い方があります。

nameは「名前」という意味。

I'm Aya.
わたしはあやです。

My name is Kenta.
ぼくの名前はけんたです。

どっちの
言い方でも
OKだよ！

自分の好きなものをしょうかいする言い方を聞いてみましょう。

I like pink.
わたしはピンクが好きです。　← I likeのあとに，
　　　　　　　　　　　　　　　　　好きなものを言えばOK!

自分の好きなものを伝えるには，**I like** のあとに好きなものを英語で言います。
「わたしは○色が好きです。」という言い方を聞いて，あとについて言ってみましょう。

★色を表す単語

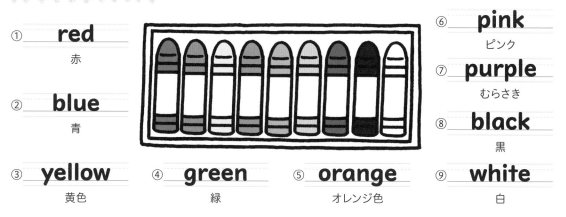

① **red**
赤

② **blue**
青

③ **yellow**
黄色

④ **green**
緑

⑤ **orange**
オレンジ色

⑥ **pink**
ピンク

⑦ **purple**
むらさき

⑧ **black**
黒

⑨ **white**
白

基 本 練 習

→ 答えは別さつ2ページ

🔊 08

1 3人の自己しょうかいを聞いて，それぞれの人の好きな色を日本語で書きましょう。🔊

(1)  あや

好きな色：

↖ 日本語で書こう

(2)  けんた

好きな色：

(3)  エマ

好きな色：

2 (1)(2)の自己しょうかいを聞いたあと，まねをして(3)で自分の名前を言いましょう。🔊

(1)

(2)

(3) **Hello.**

My name is

あなたの名前 **.**

□ 言えたよ。
↖ 言えたらここに
チェックしよう。

3 (1) 自分の好きな色について，「わたしは○○が好きです。」と英語で言ってみましょう。

□ 言えたよ。

(2) 言ったことを英語で下に書きましょう。むずかしいときは，左ページを見ながら書いてもかまいません。

I like (   ).

↖ うすい字はなぞろう。

😊 できなかった問題は，復習しよう。

05 名前の書き方はどう聞くの？

自己しょうかいで相手の名前を聞いても，アルファベットでどう書いたらいいか，わからないときがありますね。

Miya?　Mea?　Mia?　ミア

Jiji?　Gigi?　Dolly?　ジジ

Dory?　Dori?　ドリー

そんなときに使える便利な言い方があります。音声を聞いて，言ってみてください。

How do you spell your name?
あなたの名前はどう書くのですか。

このように聞くと，相手は自分の名前のアルファベットを1文字ずつ読みあげてくれます。音声を聞いてみましょう。

M-I-A. Mia.　　**G-I-G-I. Gigi.**

1文字ずつ
アルファベットを
読みあげて
くれるよ。

名前だけでなく，英語の単語をつくるアルファベットのならびを，単語のつづり（スペリング）といいます。

基本練習

→ 答えは別さつ3ページ

1 自己しょうかいの会話を聞いて，3人の名前を英語で書きましょう。

(1) 名前

↖ 英語で書こう。

(2) 名前

(3) 名前

2 (1) スペインから来たマリオ君に，名前の書き方をたずねる文を言いましょう。

□ 言えたよ。 答え

(2) マリオ君の返事を聞いて，名前を英語で書きましょう。

名前

マリオ

3 (1) 自分の下の名前をアルファベットで書きましょう。

1文字ずつ
ゆっくり，
ていねいに
伝えよう！

(2) 音声を聞いて，質問にあなた自身のことを答えましょう。

□ 答えたよ。

☺ できなかった問題は，復習しよう。

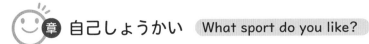

06 好きなものを聞くには？

 11

相手の好きな色を聞きたいときは，次のように言います。音声を聞いてみましょう。

What color do you like?

あなたは何色が好きですか。　← colorは「色」という意味。

答えるときは，右のように
I like を使って言います。

I like blue.

わたしは青が好きです。

color をほかの単語に変えると，好きなものをいろいろ聞くことができます。音声を
聞いて，あとについて言ってみましょう。

★ 好きな○○は何？

色
① **What color
do you like?**

スポーツ
② **What sport
do you like?**

果物
③ **What fruit
do you like?**

野菜
④ **What vegetable
do you like?**

いろいろ
質問できて
便利！

016

1 下の人物は，あなたの好きな何を聞きたいのでしょうか。音声を聞いて，下から選んで書き入れましょう。🔊

🖊 色　　🎾 スポーツ　　🍎 果物　　🥕 野菜

(1) 　… 好きな [　　　　　　] を聞きたい
　　　　↖ 日本語で書こう。

(2) 　… 好きな [　　　　　　] を聞きたい

(3) 　… 好きな [　　　　　　] を聞きたい

(4) 　… 好きな [　　　　　　] を聞きたい

2 (1)「あなたは何のスポーツが好きですか。」と英語で言ってみましょう。

□ 言えたよ。 🔊答え
　↖ 言えたらここに
　　チェックしよう。

(2) 言ったことを英語で下に書きましょう。左ページを見ながら書いても かまいません。

What (　　　　　) do you like?
　↖ うすい字はなぞろう。

😊 できなかった問題は，復習しよう。

復習(ふくしゅう)テスト 1

13

①章 ②章 アルファベット・自己しょうかい

1

アルファベットの大文字が A から順にならんでいます。あいているところに，あてはまるアルファベットを書き入れましょう。　【各 4 点　計 20 点】

A B C (1)(　　) E F (2)(　　) H I

J K L (3)(　　) N O P (4)(　　) R

S T U V (5)(　　) X Y Z

2

次のアルファベットの大文字に合う小文字を書きましょう。　【各 5 点　計 40 点】

	大文字		小文字		大文字		小文字
(1)	A	→	＿＿＿＿	(2)	F	→	＿＿＿＿
(3)	I	→	＿＿＿＿	(4)	J	→	＿＿＿＿
(5)	L	→	＿＿＿＿	(6)	P	→	＿＿＿＿
(7)	R	→	＿＿＿＿	(8)	Y	→	＿＿＿＿

→ 答えは別さつ16ページ

学習日		得点
月	日	／100点

3 2人は何について話しているのでしょうか。音声を聞いて，あてはまるものを○で囲みましょう。  【10点】

好きな色　　好きなスポーツ

好きな果物　　好きな野菜

4 インタビューの音声を聞いて，メモを完成させましょう。 【各15点　計30点】

インタビューメモ

名前 _____

好きな色 _____

↖日本語で書こう

ちょっと
くわしく

アメリカ英語とイギリス英語のつづりのちがい

アメリカとイギリスでは，つづりのちがう単語が少しだけあります。

　（例）「色」… color（アメリカ），colour（イギリス）

日本の教科書などでは，おもにアメリカのつづりが使われています。

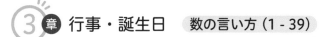
07 数は英語でどう言うの？

英語で 1 から 12 までの数の言い方を聞いてみましょう。

1	one	5	five	9	nine
2	two	6	six	10	ten
3	three	7	seven	11	eleven
4	four	8	eight	12	twelve

← ghは発音しないよ

13 から 19 までは teen で終わります。13 と 15 の言い方に注意しましょう。

うしろのteenを強く読むよ

13	thirteen	16	sixteen	19	nineteen
14	fourteen	17	seventeen		
15	fifteen	18	eighteen		

つづりはまだ覚えなくてだいじょうぶ。言えるようになろう！

数が言えれば，「わたしは○さいです。」と言えます。英語を聞いてみましょう。

I'm eleven.

わたしは11さいです。　　I'm のあとに数を言うだけ！

20 以上は「20」「30」という単語と 1 ～ 9 を組み合わせるだけです。

20	twenty	30	thirty
21	twenty-one	31	thirty-one
22	twenty-two	32	thirty-two

20 以上はルールがかんたん！

基本練習

→ 答えは別さつ4ページ

1 自己しょうかいを聞いて，それぞれの人の年れいを書きましょう。

(1)

Aya

(2)

Kenta

(3)

Lisa

年れい：　　　　さい

年れい：　　　　さい

年れい：　　　　さい

← 数字で書こう。

2 次の数字を英語で言ってみましょう。言えたら，右に英語で書きましょう。
左ページを見ながら書いてもかまいません。

(1) **1**　□ 言えたよ。🔊答え

← 言えたらここに
チェックしよう。

_____

(2) **6**　□ 言えたよ。🔊答え

_____

(3) **10**　□ 言えたよ。🔊答え

_____

3 (1) 自分の年れいを「わたしは○○さいです。」と英語で言ってみましょう。

□ 言えたよ。

(2) 言ったことを英語で下に書きましょう。左ページを見ながら書いても
かまいません。

I'm (　　　　　　　　　　　　　　　　).

↑
うすい字はなぞろう。

😊 できなかった問題は，復習しよう。

08 月ってどう言うの？

🔊 16

英語では，1月から12月までそれぞれの月に名前があります。英語の月の名前と，いろいろな行事の言い方を聞いてみましょう。🔊

> 月の名前は大文字で始めるんだね。

1月	January
2月	February
3月	March
4月	April
5月	May
6月	June
7月	July
8月	August
9月	September
10月	October
11月	November
12月	December

① **New Year's Day**
お正月（1月）

② **the Dolls' Festival**
ひなまつり（3月）

③ **Children's Day**
こどもの日（5月）

④ **the Star Festival**
七夕（7月）

⑤ **Halloween**
ハロウィーン（10月）

⑥ **Christmas**
クリスマス（12月）

「わたしの誕生日は5月です。」という英語を聞いてみましょう。

↙「誕生日」という意味。

My birthday is in May.
わたしの誕生日は5月です。　　ここに月の名前を入れる！↗

1 自己しょうかいを聞いて，それぞれの人の誕生日の月を書きましょう。

(1)

Jun

(2)

Emma

(3)

Mike

誕生日：　　　　月　　　誕生日：　　　　月　　　誕生日：　　　　月

↖ 数字で書こう。

2 それぞれの行事が何月にあるか，月の名前を英語で言ってみましょう。

(1)

New Year's Day

(2)

Children's Day

(3)

the Star Festival

月の名前：

☐ 言えたよ。 答え　　☐ 言えたよ。 答え　　☐ 言えたよ。 答え

↖ 言えたらここにチェックしよう。

3 (1) 自分の誕生日について，「わたしの誕生日は○月です。」と英語で言っ
てみましょう。☐ 言えたよ。

(2) 言ったことを英語で下に書きましょう。左ページを見ながら書いても
かまいません。

My birthday is in

↖ うすい字はなぞろう。

(　　　　　　　　　　　　　　　　).

😊 できなかった問題は，復習しよう。

09 自分の誕生日を英語で言おう！

18

英語で「○月○日」は次のように言います。

April 15th

4月15日　　　　← 日にちを表す言い方。

日にちを表す言い方を聞いてみましょう。

CALENDAR

注意 1st first	注意 2nd second	注意 3rd third	4th fourth	注意 5th fifth	6th sixth	7th seventh
8th eighth	9th ninth	10th tenth	11th eleventh	注意 12th twelfth	13th thirteenth	14th fourteenth
15th fifteenth	16th sixteenth	17th seventeenth	18th eighteenth	19th nineteenth	注意 20th twentieth	注意 21st twenty-first
注意 22nd twenty-second	注意 23rd twenty-third	24th twenty-fourth	注意 25th twenty-fifth	26th twenty-sixth	27th twenty-seventh	28th twenty-eighth
29th twenty-ninth	注意 30th thirtieth	注意 31st thirty-first				

数字に th をつけるだけ。
でも 注意 は例外。
注意 はつづりが変化するよ！

「わたしの誕生日は○月○日です。」は次のように言います。自分の誕生日を言えるようにしておきましょう。

My birthday is May 1st.

わたしの誕生日は5月1日です。　　first を 1st のように書いてOK！

基本練習

→ 答えは別さつ5ページ

1 自己しょうかいを聞いて，それぞれの人の誕生日を書きましょう。

(1)	(2)	(3)
誕生日： 月 日	誕生日： 月 日	誕生日： 月 日

← 数字で書こう

2 それぞれの日付を英語で言ってみましょう。

3月3日

□ 言えたよ。 答え

← 言えたらここにチェックしよう。

2月14日

□ 言えたよ。 答え

12月24日

□ 言えたよ。 答え

3 (1) 自分の誕生日について，「わたしの誕生日は○月○日です。」と英語で
言ってみましょう。□ 言えたよ。

(2) 言ったことを英語で下に書きましょう。日にちは，1st，2nd…などの
かんたんな書き方を使ってください。

My birthday is

← うすい字はなぞろう。

（　　　　　　　　　　　　　） （　　　　　　　）.

できなかった問題は，復習しよう。

③章 行事・誕生日　**I want ～.**

10 ほしいものを言うには？

🔊 20

誕生日のプレゼントに何がほしいか，友達に聞きたいときは次のように言います。音声を聞いて，あとについて言ってみましょう。

What do you <u>want</u> for your birthday?

あなたは誕生日に何がほしいですか。　　← 「ほしい」という意味。

自分のほしいものは，次のように伝えます。音声を聞いてみましょう。

I want <u>a bike.</u>

わたしは自転車がほしいです。　← ほしいものを言おう。

ほしいものの例を聞いてみましょう。自分のほしいものはありますか？

★ほしいもの♪ 🔊

① **camera**
カメラ

② **game**
ゲーム

③ **bike**
自転車

④ **bag**
かばん

⑤ **watch**
うで時計

⑥ **smartphone**
スマホ

⑦ **comic book**
まんが

ほしいものがない人はp.90と91からさがそう！

1 誕生日に何がほしいかインタビューをしています。インタビューを聞いて，それぞれの人がほしいものを書きましょう。

(1) Lisa

(2) Jun

(3) Aya

ほしいもの	ほしいもの	ほしいもの

← 日本語で書こう。

2 (1) エマさんに，誕生日にほしいものを聞きましょう。

□ 言えたよ。 🔊 答え

(2) エマさんの答えを聞いて，エマさんのほしいものを書きましょう。🔊

ほしいもの

← 日本語で書こう。

3 (1) 自分が誕生日にほしいものについて，「わたしは○○がほしいです。」と英語で言ってみましょう。 □ 言えたよ。

(2) 言ったことを英語で下に書きましょう。左ページを見ながら書いてもかまいません。

I want a (　　　　　　　　　　　).

↑ うすい字はなぞろう。

😊 できなかった問題は，復習しよう。

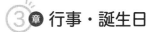

3章 行事・誕生日

1

左の単語の音声を聞いて，それぞれが表す数を線でつなぎましょう。

【各5点 計30点】

(1) twelve ・　　　　　・ 8

(2) twenty ・　　　　　・ 12

(3) eight ・　　　　　・ 13

(4) thirteen ・　　　　　・ 15

(5) thirty ・　　　　　・ 20

(6) fifteen ・　　　　　・ 30

2

それぞれ A・B・C の音声を聞いて，絵に合うものの記号を○で囲みましょう。

【各5点 計15点】

(1) A　B　C

(2) A　B　C

(3) A　B　C

→ 答えは別さつ16ページ

3 それぞれの行事が何月にあるか，英語で言っています。音声を聞いて，線でつなぎましょう。 【各5点　計15点】

(1) Christmas

(2) Halloween

(3) the Dolls' Festival

March　　　October　　　December

4 インタビューの音声を聞いて，メモを完成させましょう。 【各10点　計40点】

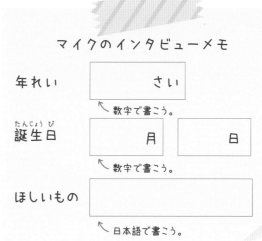

マイクのインタビューメモ

年れい　[　　　　さい　]
↖ 数字で書こう。

誕生日　[　　月　]　[　　日　]
↖ 数字で書こう。

ほしいもの　[　　　　　　　]
↖ 日本語で書こう。

11 「何時」って言うには？

🔊 23

「今，何時ですか？」は次のように言います。音声を聞いてみましょう。

What time is it?

何時ですか。　　←「時間」という意味！

「○時○分です。」の言い方を確かめましょう。たとえば6時30分なら……。

読み方→ six thirty

It's 6:30.

6時30分です。

「時→分」の順に数を続けて言うだけだね！

「時」と「分」の言い方を，ひととおり聞いて確かめましょう。

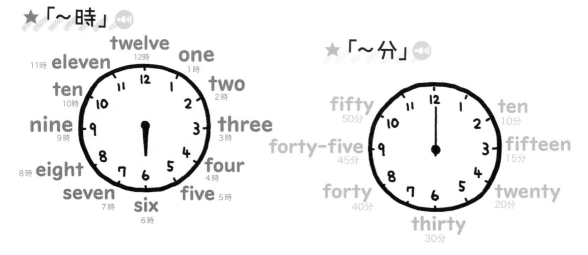

★「〜時」🔊

twelve 12時
eleven 11時　　one 1時
ten 10時　　　　two 2時
nine 9時　　　　three 3時
eight 8時　　　four 4時
seven 7時　　five 5時
six 6時

★「〜分」🔊

fifty 50分
forty-five 45分　　ten 10分
forty 40分　　　　fifteen 15分
thirty 30分　　　twenty 20分

「○時○分です。」の言い方をいくつか聞いてみましょう。🔊

1:10　It's one ten.　　　10:45　It's ten forty-five.

4:40　It's four forty.　　12:50　It's twelve fifty.

基本練習

→ 答えは別さつ6ページ

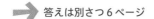

1 英語で時刻(じこく)が読まれます。読まれた時刻を示(しめ)している時計を選び，記号を○で囲(かこ)みましょう。 🔊

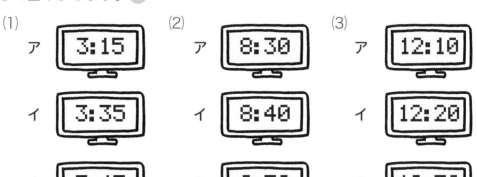

(1)　ア 3:15　イ 3:35　ウ 3:45

(2)　ア 8:30　イ 8:40　ウ 8:50

(3)　ア 12:10　イ 12:20　ウ 12:30

2 それぞれの時刻を英語で言ってみましょう。

(1)　(2)　(3)

□ 言えたよ。 🔊答え　　□ 言えたよ。 🔊答え　　□ 言えたよ。 🔊答え

↖ 言えたらここにチェックしよう。

3 (1)「今，何時ですか。」と英語で言ってみましょう。

□ 言えたよ。 🔊答え

(2) 言ったことを英語で下に書きましょう。左ページを見ながら書いてもかまいません。

What (　　　　　　　) is it?

↖ うすい字はなぞろう。

😊 できなかった問題は，復習(ふくしゅう)しよう。

4章 生活・勉強

031

12 自分の1日を話そう！

🔊 25

生活の中のいろいろな動作を英語で聞いてみましょう。

★ 起きてからねるまで 🔊

① **get up**
起きる

② **have breakfast**
朝食を食べる

③ **go to school**
学校に行く

④ **have lunch**
昼食を食べる

⑤ **go home**
家に帰る

⑥ **have dinner**
夕食を食べる

⑦ **take a bath**
おふろに入る

⑧ **go to bed**
ねる

「あなたは何時に○○しますか？」と聞いたり，答えたりするときは次のように言います。音声を聞きましょう。 🔊

What time do you get up?

あなたは何時に起きますか。

← ここにいろいろな動作を入れる！

— I get up at 6:00.

わたしは6時に起きます。

← at のあとに時刻を言えばOK！

基本練習

答えは別さつ6ページ

1 リサが, 1日の生活についてインタビューを受けています。

インタビューを聞いて, リサが下の行動をする時間を書きましょう。

Lisa

(1) 起きる時間

← 数字で書こう。

(2) 朝食の時間

(3) おふろの時間

2 次の動作を英語で言ってみましょう。言えたら, 右に英語で書きましょう。

左ページを見ながら答えてもかまいません。

(1)
□ 言えたよ。
← 言えたらここに
チェックしよう。

go (　　　　　　　　)
↑
← うすい字はなぞろう。

家に帰る 答え

(2)
□ 言えたよ。
答え

go to (　　　　　　　　)

ねる

3 (1) 実際に自分が起きる時間について,「わたしは○時に起きます。」と英

語で言ってみましょう。

□ 言えたよ。

(2) 言ったことを英語で下に書きましょう。左ページを見ながら書いても

かまいません。

I (　　　　　) (　　　　　) at (　　:　　).
← うすい字はなぞろう。　　　　　　　　　　　← 数字で書こう。

:) できなかった問題は, 復習しよう。

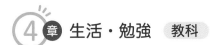
13 教科のことを話そう！ 🔊27

好きな教科を聞きたいときは，次のように言います。英語を聞いてみましょう。

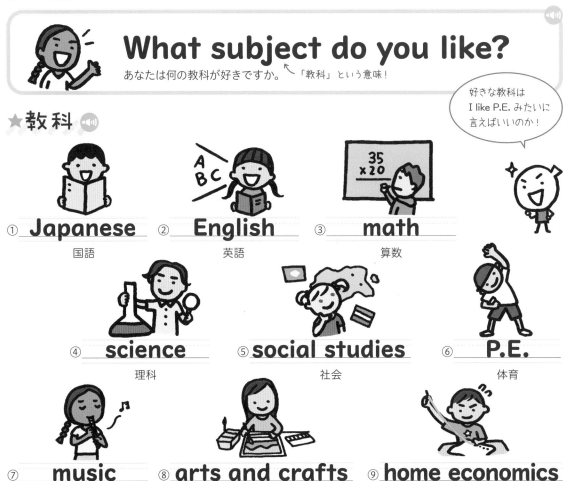

What subject do you like?
あなたは何の教科が好きですか。 ← 「教科」という意味！

好きな教科は
I like P.E. みたいに
言えばいいのか！

★教科 🔊

① Japanese
国語

② English
英語

③ math
算数

④ science
理科

⑤ social studies
社会

⑥ P.E.
体育

⑦ music
音楽

⑧ arts and crafts
図画工作

⑨ home economics
家庭科

勉強したい教科を聞いたり，答えたりするときは次のように言います。

What do you want to study?
あなたは何を勉強したいですか。 → study は「勉強する」という意味！

— I want to study English.
わたしは英語を勉強したいです。 → ここに勉強したい教科を入れる！

基本練習

→ 答えは別さつ7ページ

1 3人に，勉強したい教科をインタビューしました。
インタビューを聞いて，それぞれが勉強したい教科を書きましょう。◀))

(1)  あや

(2) けんた

(3)  エマ

| 勉強したい教科 | 勉強したい教科 | 勉強したい教科 |

↖ 日本語で書こう。

2 次の教科を英語で言ってみましょう。言えたら，右に英語で書きましょう。
左ページを見ながら答えてもかまいません。

(1)
英語

□ 言えたよ。
↖ 言えたらここに
チェックしよう。
◀)) 答え

(2)
国語

□ 言えたよ。
◀)) 答え

3 (1) 実際に自分が勉強したい教科について，「わたしは○○を勉強したいで
す。」と英語で言ってみましょう。

□ 言えたよ。

(2) 言ったことを英語で下に書きましょう。左ページを見ながら書いても
かまいません。

I want to study

↖ うすい字はなぞろう。

( )

😣 できなかった問題は，復習しよう。

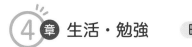

学習日

月　　日

14 曜日は何ていうの？

29

曜日は英語で次のように言います。聞いてみましょう。

曜日は大文字で
始めるんだねー。

★曜日

土曜日 **Saturday**

日曜日 **Sunday**

月曜日 **Monday**

金曜日 **Friday**

火曜日 **Tuesday**

木曜日 **Thursday**

水曜日 **Wednesday**
← d は発音しないよ

教科と曜日が言えると，学校の時間割について会話ができますね。「○曜日には何の
教科がありますか。」「○○があります。」は次のように言います。

What do you have on Mondays?
月曜日には何がありますか。　　　　　　　　ここに曜日を入れる！
— I have English,
P.E. and math.
英語と体育と算数があります。

基本練習

→ 答えは別さつ7ページ

🔊 30

1 英語で「きょうは○月○日。○曜日です。」と読まれます。音声を聞いて,それぞれのカレンダーが何曜日か書きましょう。🔊

(1) March 🌸 ?曜日 3 日 ❤

(2) August ⛵ ?曜日 12 日

(3) December ⛄ ?曜日 24 日 🎄

| | 曜日 | | 曜日 | | 曜日 |

↖ 日本語で書こう。

2 時間割を見ながら音声を聞いて,何曜日の時間割について話しているか書きましょう。🔊

| | 曜日 |

↖ 日本語で書こう。

	月	火	水
1	📖 国語	🗣 算数	♪ 音楽
2	ABC 英語	🤸 体育	👑 家庭科
3	🌏 社会	🦋 理科	図工

3 次の曜日を英語で言ってみましょう。言えたら,右に英語で書きましょう。左ページを見ながら書いてもかまいません。

(1) 日曜日　　□ 言えたよ。
↖ 言えたらここにチェックしよう。
🔊 答え

(2) 月曜日　　□ 言えたよ。
🔊 答え

(3) 金曜日　　□ 言えたよ。
🔊 答え

😊 できなかった問題は,復習しよう。

1 それぞれ A・B・C の音声を聞いて，絵に合うものの記号を○で囲みましょう。

【各6点　計30点】

(1)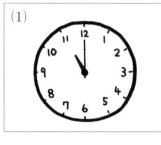

A　B　C

(2)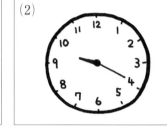

A　B　C

(3)

A　B　C

(4)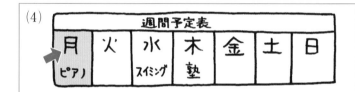

A　B　C

(5)

A　B　C

2 左の単語の音声を聞いて，それぞれが表す教科を線でつなぎましょう。

【各5点　計20点】

(1) Japanese　・　　　　　・ 音楽

(2) science　・　　　　　・ 国語

(3) math　・　　　　　・ 算数

(4) music　・　　　　　・ 理科

→ 答えは別さつ17ページ

学習日	得点
月　　　日	／100点

3

インタビューの音声を聞いて，メモを完成させましょう。🔊　【各10点　計20点】

さやかのインタビューメモ

起きる時間　［　　：　　］
↖数字で書こう。

学校に行く時間　8：30

ねる時間　［　　：　　］

4

会話を聞いて，けんたの時間割(じかんわり)を完成させましょう。🔊　【各10点　計30点】

（けんたの時間割）

	月	火	水
1	国語		英語
2			算数
3	英語	社会	国語

↖日本語で書こう。

ちょっと
くわしく

午前・午後などの言い方

午前なら **a.m.** を，午後なら **p.m.** を数字のあとにつけます。書くときは小文字です。
また，「〜時ちょうど」と言うときは o'clock をつけることがあります。

（例）午前8時30分 … **8:30 a.m.**　　1時ちょうど … **one o'clock**

学習日
月　　日

15 これは何？

32

自分の持ち物をしょうかいする言い方を聞いてみましょう。

This is my bike.

これはわたしの自転車です。　「わたしの」という意味。

「わたしの」は my といいます。「ぼくの」「オレの」のような使い分けは，英語には
ありません。「これは何ですか？」とたずねる言い方も聞いてみましょう。

What's this?

これは何ですか。← What is を短くした言い方。

— It's a pencil case.

筆箱です。

身の回りのいろいろなものを言えるようになろう！

★ 身の回りのもの

① __pot__
ポット

② __candy__
あめ, おかし

③ __hat__
ぼうし

④ __table__
テーブル

⑨ __umbrella__
かさ

⑤ __glue__
のり

⑧ __bag__
かばん

⑥ __ball__
ボール

⑦ __lunchbox__
お弁当箱

基本練習

→ 答えは別さつ8ページ

1 英語を聞いて,「これは何ですか。」に対して何と答えているか,ア〜ウから選んで記号を○で囲みましょう。🔊

(1)
　　ア **eraser**　　イ **bag**　　ウ **hat**
　　　（消しゴム）　　（かばん）　　（ぼうし）

(2)
　　ア **notebook**　イ **racket**　ウ **desk**
　　　（ノート）　　　（ラケット）　　（つくえ）

(3)
　　ア **bike**　　イ **pencil case**　ウ **watch**
　　　（自転車）　　（筆箱）　　　　（うで時計）

2 絵に合うように,「これはわたしの○○です。」と英語で言ってみましょう。

(1)
(2)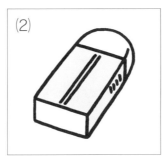
(3)

□ 言えたよ。🔊答え　　□ 言えたよ。🔊答え　　□ 言えたよ。🔊答え
↳ 言えたらここにチェックしよう。

3 (1) 「これは何ですか。」と
英語で言ってみましょう。
□ 言えたよ。🔊答え

(2) 言ったことを英語で下に書きましょう。左ページを見ながら書いてもかまいません。

(　　　　　　) this?

↳ うすい字はなぞろう。

😊 できなかった問題は,復習しよう。

学習日　　月　　日

16 できますか？

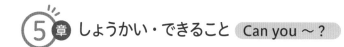

34

何かができるかどうか知りたいときは，次のように言います。

Can you swim?
あなたは泳げますか。

Can you のあとに次の言葉を入れれば，「あなたは～できますか」と聞くことができます。

★できますか？

① **swim**
泳ぐ

② **skate**
スケートをする

④ **cook**
料理をする

③ **ski**
スキーをする

⑤ **dance**
おどる

⑥ **play the piano**
ピアノをひく

⑦ **play the recorder**
リコーダーをふく

答えるときは次のように言います。

 **Yes, I can.**
はい，できます。

 **No, I can't.**
いいえ，できません。

基本練習

→ 答えは別さつ8ページ

🔊 35

1 英語を聞いて，次の2人の人物ができることをそれぞれ日本語で書きましょう。🔊

(1)  Kenta

 けんたができること…

┌──────────────┐
│   │
└──────────────┘ ができる。

(2)  Lisa

 リサができること…

┌──────────────┐
│   │
└──────────────┘ ができる。

2 絵に合わせて，「あなたは○○ができますか。」と言ってみましょう。

(1) □ 言えたよ。🔊答え　　(2) □ 言えたよ。🔊答え　　(3) □ 言えたよ。🔊答え

↖ 言えたらここにチェックしよう。

3 (1)「あなたは泳げますか。」と英語で言ってみましょう。

□ 言えたよ。🔊答え

(2) 言ったことを英語で下に書きましょう。左ページを見ながら書いてもかまいません。

(　　　　　　　) (　　　　　　　) swim?

↳ うすい字はなぞろう。

😊 できなかった問題は，復習しよう。

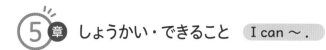
17 こんなことができます！

🔊 36

自分ができることを伝えるには，次のように言います。英語を聞きましょう。

🔊

I can ride a unicycle.

わたしは一輪車に乗れます。　「乗る」という意味。　　一輪車

I can 〜 . は「わたしは〜できます。」という意味です。I can のあとに次のような言葉を入れれば，いろいろなことを言えますね。

★できること 🔊

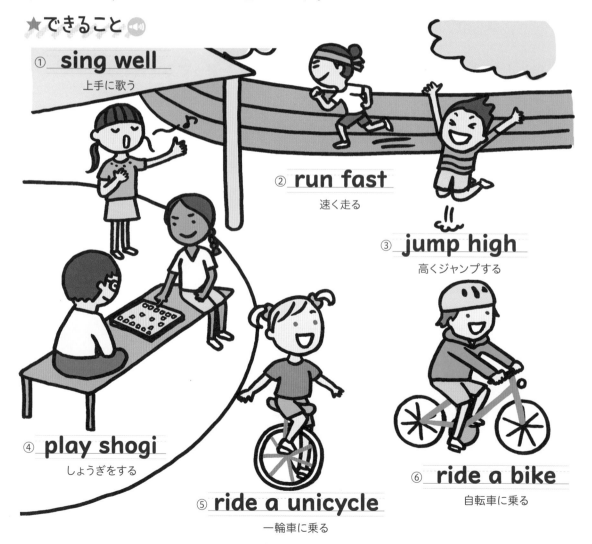

① sing well
上手に歌う

② run fast
速く走る

③ jump high
高くジャンプする

④ play shogi
しょうぎをする

⑤ ride a unicycle
一輪車に乗る

⑥ ride a bike
自転車に乗る

基本練習

→ 答えは別さつ9ページ

1 英語を聞いて，それぞれの人物ができることを日本語で書きましょう。🔊

(1)

できること…

［　　　　　　　　　　　］ことができる。

(2)

できること…

［　　　　　　　　　　　］ことができる。

(3)

できること…

［　　　　　　　　　　　］ことができる。

(4)

できること…

［　　　　　　　　　　　］ことができる。

2 (1) 実際に自分ができることについて，「わたしは○○ができます。」と英語で言ってみましょう。できることは，42 ページと 44 ページの中から選んでかまいません。

□ 言えたよ。

(2) 言ったことを英語で下に書きましょう。42 ページと 44 ページを見ながら書いてもかまいません。

I can (　　　　　　　　　　　　　　　　　).

↑ うすい字はなぞろう。

😊 できなかった問題は，復習しよう。

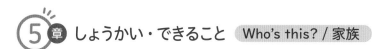

学習日　月　日

18 これはだれ？

🔊 38

「これはだれですか。」と聞くときは次のように言います。

Who's this?
これはだれですか。

— ## It's my mother.
それはわたしの母です。

家族の言い方を聞いてみましょう。

★家族 🔊

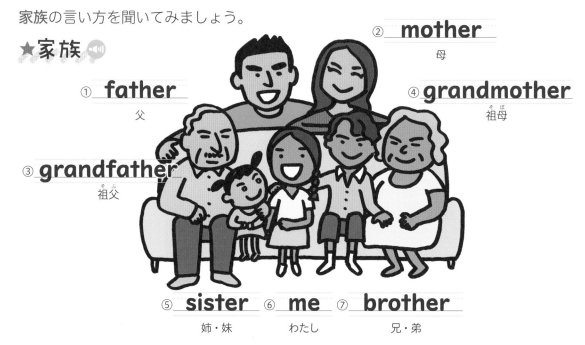

① **father**
父

② **mother**
母

③ **grandfather**
祖父

④ **grandmother**
祖母

⑤ **sister**
姉・妹

⑥ **me**
わたし

⑦ **brother**
兄・弟

「これはわたしの兄です。」のようにしょうかいするには次のように言います。

This is my brother.
これはわたしの兄です。

This is me.
これはわたしです。

基本練習

→ 答えは別さつ9ページ

1 英語を聞いて，写真の人物がだれなのか，日本語で書きましょう。🔊

(1)

人物…

リサの

(2)

人物…

リサの

2 (1)「これはだれですか。」とたずねる文を英語で言ってみましょう。

☐ 言えたよ。 🔊 答え

(2) 言ったことを英語で下に書きましょう。左ページを見ながら書いても
かまいません。

(　　　　　　　) this?

→ うすい字はなぞろう。

3 (1) 自分の家族から1人を選び，「これはわたしの○○です。」と英語で言っ
てみましょう。

☐ 言えたよ。

(2) 言ったことを英語で下に書きましょう。左ページを見ながら書いても
かまいません。

This is my (　　　　　　　　　　).

→ うすい字はなぞろう。

😊 できなかった問題は，復習しよう。

右側のタブ：
1章
2章
3章
4章
5章 しょうかい・できること
6章
7章
8章

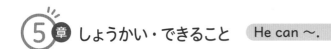
19 あの人ができること

40

これまでに学習した言い方を使って，いろいろな人ができることを英語で言えるようにしましょう。

家族に限らず，友達や先生のことも言ってみましょう。友達のたくやをしょうかいする英語を聞きましょう。

This is Takuya.
これはたくやです。

He can play the piano.
彼はピアノがひけます。

男の人のときは He（彼）を，女の人のときは She（彼女）を使います。

男の人	女の人
He 彼	**She** 彼女
Mr. 〜 〜さん，〜先生	**Ms. 〜** 〜さん，〜先生

大人の人のことを「○○さん」「○○先生」と言うときは，男の人なら Mr. を，女の人なら Ms. を名字の前につけます。

たとえば女性の先生をしょうかいするときは次のように言います。

This is Ms. Kato.
これはかとう先生です。

She can play the flute.
彼女はフルートがふけます。

基本練習

→ 答えは別さつ10ページ

🔊 41

1 それぞれの人物をしょうかいする英語を言ってみましょう。
言えたら，言ったことを英語で下に書きましょう。

(1)

・すずき先生（女性）
・速く走れる

□ 言えたよ。 🔊 答え

This is Ms. Suzuki.

↰ うすい字はなぞろう。

(　　　) can run fast.

(2)

・あべ先生（男性）
・上手に歌える

□ 言えたよ。 🔊 答え

This is Mr. Abe.

(　　　) can sing well.

(3)

・わたしの姉
・上手におどれる

□ 言えたよ。 🔊 答え

This is my sister.

(　　　) can dance well.

😊 できなかった問題は，復習しよう。

1 音声を聞いて，それぞれの絵が表しているものは何か，記号を〇で囲みましょう。 【各10点 計20点】

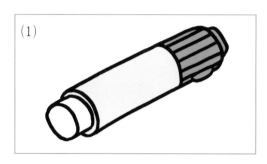

ア．のり
イ．消しゴム

(1)

ア．筆箱
イ．かさ

(2)

2 左の単語の音声を聞いて，それぞれが表す意味を線でつなぎましょう。 【各10点 計40点】

(1) mother ・　　　　　・ 祖母（そぼ）

(2) grandmother ・　　　　　・ 兄・弟

(3) brother ・　　　　　・ 母

(4) sister ・　　　　　・ 姉・妹

→ 答えは別さつ17ページ

3

絵の人物についての会話を聞いて，あてはまるものを選び，記号を○で囲みましょう。

【各10点　計40点】

(1)

人物 …　　　ア．父
　　　　　　イ．祖父
　　　　　　ウ．おじ

できること …　ア．スキーができる
　　　　　　　イ．上手に歌える
　　　　　　　ウ．上手に料理できる

(2)

人物 …　　　ア．母
　　　　　　イ．姉
　　　　　　ウ．山本さん

できること …　ア．速く走れる
　　　　　　　イ．泳げる
　　　　　　　ウ．スキーができる

学習日　　月　　日

20 行きたい国はどこ？

🔊 43

どこに行きたいか聞きたいときは，次のように言います。

🔊

Where do you want to go?

あなたはどこに行きたいですか。　　　←「行きたい」という意味。

答えるときは右のように
I want to go to の
あとに行きたい国などを
言います。

🔊

I want to go to America.

わたしはアメリカに行きたいです。　　←行きたいところを言う。

どの国に行きたいですか？　いろいろな国の名前を聞いてみましょう。

★ 国の名前 🔊

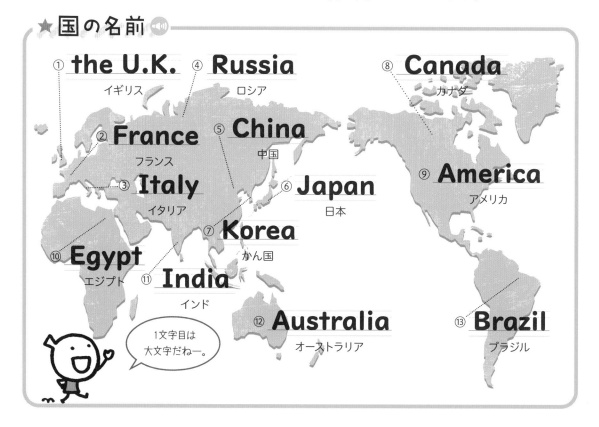

① **the U.K.**　イギリス
④ **Russia**　ロシア
⑧ **Canada**　カナダ
② **France**　フランス
⑤ **China**　中国
③ **Italy**　イタリア
⑥ **Japan**　日本
⑨ **America**　アメリカ
⑦ **Korea**　かん国
⑩ **Egypt**　エジプト
⑪ **India**　インド
⑫ **Australia**　オーストラリア
⑬ **Brazil**　ブラジル

1文字目は
大文字だね一。

基本練習

→ 答えは別さつ10ページ

1 英語を聞いて，それぞれの人が行きたいと言っている国を選び，記号を ○で囲みましょう。

(1)	(2)	(3)
ア．日本	ア．エジプト	ア．ブラジル
イ．中国	イ．フランス	イ．イギリス
ウ．ロシア	ウ．オーストラリア	ウ．カナダ

2 (1)「あなたはどこに行きたいですか。」と英語で言ってみましょう。

　　□ 言えたよ。　📢 答え

(2) 言ったことを英語で下に書きましょう。左ページを見ながら書いても かまいません。

　（　　　　　　　　　）do you want to go?

　　　　　　　↑うすい字はなぞろう。

3 (1) 自分が実際に行きたい国を１つ選んで，「わたしは○○に行きたいで す。」と英語で言ってみましょう。

　　□ 言えたよ。

(2) 言ったことを英語で下に書きましょう。左ページを見ながら書いても かまいません。

　I want to go to（　　　　　　　　　）.

😃 できなかった問題は，復習しよう。

21 何をしたい？

🔊 45

「○○に行きたいです。」は, 右のように言うのでしたね。

🔊

I want to go to America.

わたしはアメリカに行きたいです。　← 行きたいところを言う。

その国に行って「○○したいです。」は, 次のように言います。

🔊

I want to eat hamburgers.

わたしはハンバーガーを食べたい。　←「食べる」という意味。

いろいろなことを「したい」と言えるようになりましょう。

★したいこと 🔊

I want to ...

① eat pizza
ピザを食べる

② see the pyramids
ピラミッドを見る

③ buy chocolate
チョコレートを買う

④ eat curry
カレーを食べる

⑤ see kangaroos
カンガルーを見る

基本練習

→ 答えは別さつ11ページ

1 英語を聞いて，それぞれの人が行きたい国としたいことを下から選び，記号を書きましょう。◀))

(1)	(2)	(3)

行きたい国：	行きたい国：	行きたい国：
したいこと：	したいこと：	したいこと：

（行きたい国）

ア  アメリカ	イ  イタリア	ウ  エジプト

（したいこと）

ア 	イ 	ウ 

2 (1) 自分が外国で食べたいものを，「わたしは○○が食べたいです。」と英語で言ってみましょう。

　　□ 言えたよ。

(2) 言ったことを英語で下に書きましょう。左ページを見ながら書いてもかまいません。

I want to （　　　　）（　　　　　　）.

↑ うすい字はなぞろう。

😊 できなかった問題は，復習しよう。

055

22 どこにある？

47

どこにあるか・どこにいるかを聞きたいときは，次のように言います。

Where is the cat?
ねこはどこにいますか。
― It's in the box.
箱（はこ）の中にいます。

答えるときは右のような **in, on** などの言葉を使います。使い方をチェッククしましょう。

in 〜　　on 〜　　under 〜　　by 〜

★ どこにある？

① **Where is the cat?**
It's in the box.
箱の中です。

② **Where is the hat?**
It's on the table.
テーブルの上です。

③ **Where is the box?**
It's by the sofa.
ソファーのそばです。

④ **Where is the dog?**
It's under the chair.
いすの下です。

基本練習

→ 答えは別さつ11ページ

1 会話を聞いて，音声に合う絵を選び，記号を○で囲みましょう。🔊

(1) ア   イ   ウ

(2) ア   イ   ウ

(3) ア   イ   ウ

2 (1) 「ねこはどこですか。」と英語で言ってみましょう。

□ 言えたよ。 🔊答え

(2) 言ったことを英語で下に書きましょう。左ページを見ながら書いても
かまいません。

(   ) (   ) the cat?

└ うすい字はなぞろう。

☺ できなかった問題は，復習しよう。

7章 道案内　Where is 〜? / 建物

23 道を聞くには？

🔊49

どこにあるか・どこにいるかは，Where is 〜? で聞けるのでしたね。
建物の場所を聞きたいときにも同じように Where is 〜? が使えます。

Where is the post office?
ゆうびんきょく
郵便局はどこですか。

町の中のいろいろな建物の名前を聞いてみましょう。

★いろいろな建物 🔊

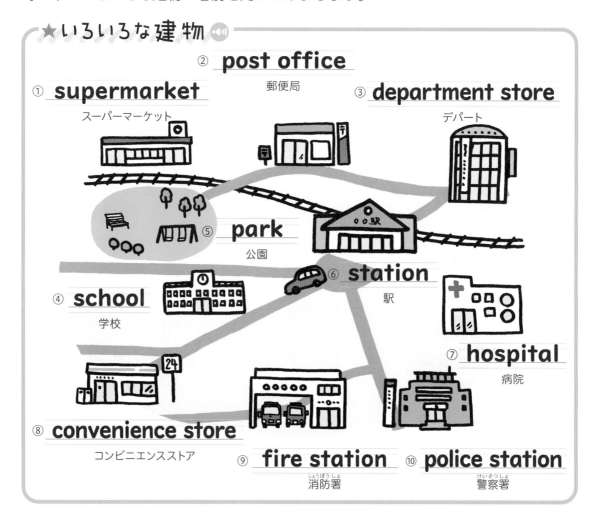

① **supermarket**
スーパーマーケット

② **post office**
郵便局

③ **department store**
デパート

④ **school**
学校

⑤ **park**
公園

⑥ **station**
駅

⑦ **hospital**
病院

⑧ **convenience store**
コンビニエンスストア

⑨ **fire station**
しょうぼうしょ
消防署

⑩ **police station**
けいさつしょ
警察署

基本練習

→ 答えは別さつ12ページ

50

1 質問とA・B・Cの答えが読まれます。地図に合う答えを選び，記号を○で囲みましょう。

(A ・ B ・ C)

2 英語を聞いて，何の場所を聞いているか選び，記号を○で囲みましょう。

(1)

ア	イ	ウ
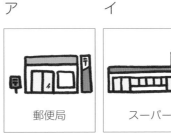		
郵便局	スーパー	学校

(2)

ア	イ	ウ

消防署	警察署	駅

(3)

ア	イ	ウ

病院	デパート	コンビニ

😊 できなかった問題は，復習しよう。

24 道案内をしよう！①

51

では，実際に英語で道案内をしてみましょう。次の3つの表現を使います。

Go straight.
まっすぐ行ってください。

Turn left.
左に曲がってください。

Turn right.
右に曲がってください。

「まっすぐ行って右です。」のように言うには，**and** を使って次のように言います。

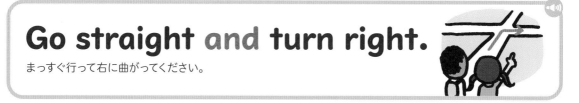

Go straight and turn right.
まっすぐ行って右に曲がってください。

道案内の例をまとめて聞いてみましょう。

Where is the post office?
郵便局はどこですか。

Go straight and turn left.
まっすぐ行って左に曲がってください。

基本練習

→ 答えは別さつ12ページ

🔊 52

1 地図を見ながら英語を聞いて，問いに答えましょう。🔊

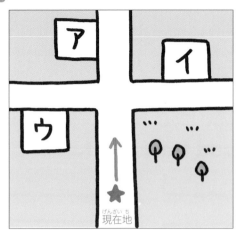

現在地

(1) 英語を聞いて，郵便局（ゆうびんきょく）の場所を記号で答えましょう。

(2) 英語を聞いて，公園の場所を記号で答えましょう。

2 地図を見ながら実際に道案内してみましょう。

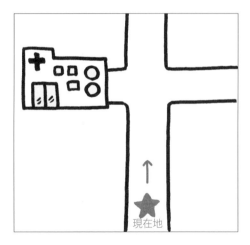

現在地

(1) 病院への行き方を英語で教えてあげましょう。

☐ 言えたよ。 🔊答え

(2) 言ったことを英語で下に書きましょう。左ページを見ながらやってもかまいません。

(　　　　　) straight and

↑ うすい字はなぞろう。

turn (　　　　　).

😊 できなかった問題は，復習（ふくしゅう）しよう。

7章 道案内　for two blocks

25 道案内をしよう！ ②

もう少し複雑な道案内ができるようになりましょう。「1ブロックまっすぐ行って右に曲がってください。」は次のように言います。

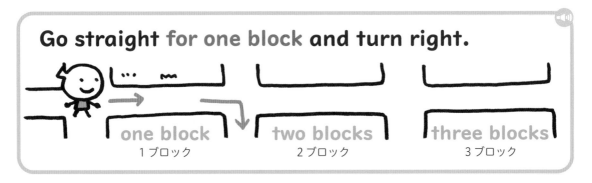

Go straight for one block and turn right.

one block
1ブロック

two blocks
2ブロック

three blocks
3ブロック

「2ブロック」の場合は次のように言います。

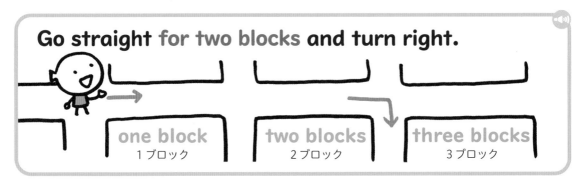

Go straight for two blocks and turn right.

one block
1ブロック

two blocks
2ブロック

three blocks
3ブロック

道案内の例をまとめて聞いてみましょう。

Where is the park?
公園はどこですか。

Go straight for three blocks and turn left.
3ブロックまっすぐ行って左に曲がってください。

基本練習

→ 答えは別さつ13ページ

54

1 地図を見ながら英語を聞いて，問いに答えましょう。

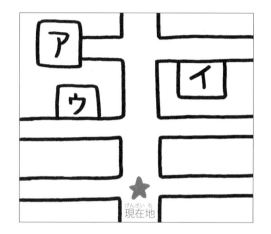

英語を聞いて，警察署（けいさつしょ）の場所を
記号で答えましょう。 🔊

2 地図を見ながら実際（じっさい）に道案内してみましょう。

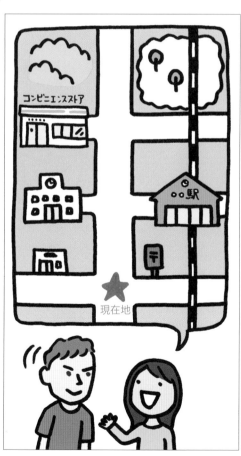

(1) 駅への行き方を英語で教えて
あげましょう。

□ 言えたよ。 🔊答え

(2) コンビニエンスストアへの
行き方を教えてあげましょう。

□ 言えたよ。 🔊答え

😊 できなかった問題は，復習（ふくしゅう）しよう。

復習テスト❺

⑥章 ⑦章 行きたい国・道案内

1

質問とA・Bの答えが読まれます。絵に合う答えを選び，○で囲みましょう。

【各10点　計30点】

(1)

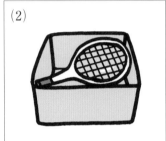
(2)

(3)

A　　B　　　　　A　　B　　　　　A　　B

2

英語を聞いて，それぞれの人の行きたい国と，食べたいもの・見たいものなどを線でつなぎましょう。

【各10点　計30点】

(1)

Alex

・　・

オーストラリア

・　・

カレー

(2)

Lisa

・　・

イタリア

・　・

カンガルー

(3)

Emma

・　・

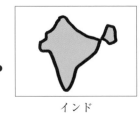
インド

・　・

ピザ

→ 答えは別さつ18ページ

学習日	得点
月　　　日	／100点

3

地図を見ながら道案内の会話を聞いて，それぞれの場所を記号で答えましょう。

【各20点　計40点】

(1)

病院 [　　]

(2)

学校 [　　]

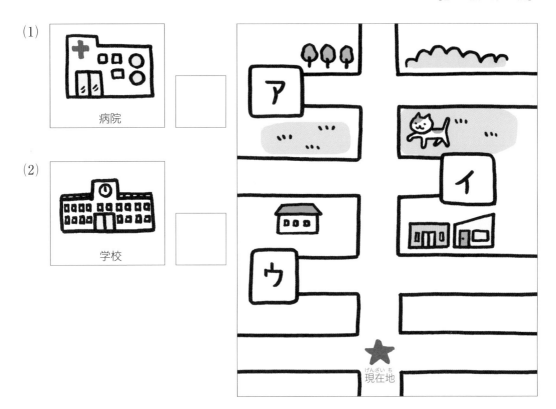

現在地

---

26 何がほしいですか？

56

「何がほしいですか。」とていねいに聞くときには次のように言います。レストランなどで，「何になさいますか。」と店員さんが使うこともあります。

What would you like?
何になさいますか。

たとえば，これに「ハンバーガーがほしいです。」と答えるときは次のように言います。ていねいな言い方です。

I'd like a hamburger.
ハンバーガーがほしいです。　　← ほしいものを言う。

いろいろな食べ物の言い方を聞いてみましょう。みなさんは今，何がほしいですか？

★食べ物

② **French fries**
フライドポテト

① **curry and rice**
カレーライス

③ **fried chicken**
フライドチキン

⑤ **rice**
ごはん（米）

④ **bread**
パン

⑥ **grilled fish**
焼き魚

全部ほしい！

1 それぞれの人が何をほしいと言っているのか，線でつなぎましょう。🔊

(1)  ・　　　　　・

(2)  ・　　　　　・

(3)  ・　　　　　・

2 (1)「あなたは何がほしいですか。」と，ていねいに質問する英語を言ってみましょう。　□ 言えたよ。　🔊答え

(2) 言ったことを英語で下に書きましょう。

(　　　　　　) would you like?

↑ うすい字はなぞろう。

3 (1) 左ページから実際にほしいものを1つ選んで，「○○がほしいです。」とていねいに言ってみましょう。□ 言えたよ。

(2) 言ったことを英語で下に書きましょう。左ページを見ながら書いてもかまいません。

I'd like (　　　　　　).

☺ できなかった問題は，復習しよう。

8章 料理・注文

学習日　　月　　日

27 大きい数はどう言うの？

 58

英語で 20 以上の数の言い方を聞いてみましょう。🔊

20	twenty	50	fifty	80	eighty
30	thirty	60	sixty	90	ninety
40	forty	70	seventy		

「21」「35」などは，「20」「30」という単語と1～9を組み合わせればいいのでしたね。🔊

| 21 | twenty-one | 56 | fifty-six |
| 35 | thirty-five | 99 | ninety-nine |

100 は次のように言います。

100　**one hundred**
↑ これが「百」。

101 以上の数は，**one hundred and ...** の形で表します。🔊

101　one hundred and one
150　one hundred and fifty
200　two hundred
365　three hundred and sixty-five
999　nine hundred and ninety-nine

and は入れないこともあるよ！

1 自己しょうかいを聞いて，それぞれの人物の年れいを書きましょう。 🔊

(1)
Seiya

(2) Nozomi

(3) Takeshi

| 年れい： さい | 年れい： さい | 年れい： さい |

← 数字で書こう。

2 次の数を英語で言ってみましょう。

(1) 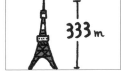 99　　□ 言えたよ。🔊 答え
← 言えたらここにチェックしよう。

(2)  333　　□ 言えたよ。🔊 答え

(3) 500　　□ 言えたよ。🔊 答え

(4)  634　　□ 言えたよ。🔊 答え

(5) 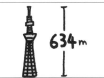 980　　□ 言えたよ。🔊 答え

😊 できなかった問題は，復習しよう。

28 ねだんを聞くには？

60

もののねだんを聞くときは，次のように言います。答え方といっしょに，英語を聞いてみましょう。

How much is this?
↖「いくら」という意味。

— It's 100 yen.
これはいくらですか。— 100円です。

メニューを見ながら，いろいろなねだんの言い方を聞いてみてください。

MENU

① hamburger ¥230
ハンバーガー

② French fries ¥180
フライドポテト

③ salad ¥440
サラダ

④ spaghetti ¥990
スパゲッティ

⑤ pizza ¥770
ピザ

⑥ ice cream ¥260
アイスクリーム

⑦ yogurt ¥150
ヨーグルト

⑧ cake ¥320
ケーキ

ねだんを言ったり，聞き取ったりできると便利だね。

基本練習

→ 答えは別さつ14ページ

1 英語を聞いて，次のそれぞれの料理のねだんを書きましょう。

(1)
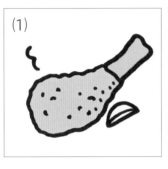

円

↖ 数字で書こう

(2)
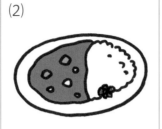

円

(3)
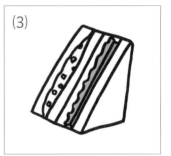

円

(4)

円

(5)

円

(6)
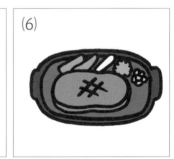

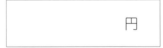
円

2 (1)「これはいくらですか。」と英語で言ってみましょう。

□ 言えたよ。 答え

(2) 言ったことを英語で下に書きましょう。左ページを見ながら書いても
かまいません。

(＿＿＿＿＿) (＿＿＿＿＿) is this?

↖ うすい字はなぞろう。

☺ できなかった問題は，復習しよう。

1

左の単語の音声を聞いて，それぞれが表す数を線でつなぎましょう。 🔊

【各5点　計30点】

(1) ninety-nine　　・　　・ 45

(2) fifty-two　　　・　　・ 52

(3) two hundred　　・　　・ 72

(4) six hundred and ten ・　・ 99

(5) forty-five　　　・　　・200

(6) seventy-two　　・　　・610

2

それぞれの食べ物のねだんはいくらでしょうか。会話を聞いて適するほうを選び，記号を○で囲みましょう。 🔊

【各10点　計30点】

(1)
ア．820円
イ．920円

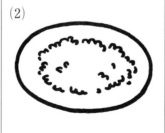

(2)
ア．230円
イ．320円

(3)
ア．160円
イ．190円

→ 答えは別さつ18ページ

学習日	得点
月 日	／100点

3

会話を聞いて，それぞれの人物が何を食べたいか，そしてそれがいくらなのか，線でつなぎましょう。🔊

【各10点 計40点】

(1) けんた ・ ・ 🍕 ・ ・ 950円

(2) さやか ・ ・ 🍛 ・ ・ 660円

(3) アレックス ・ ・ 🍰 ・ ・ 320円

(4) エマ ・ ・ 🍦 ・ ・ 280円

29 得意なことを言うには？

63

「わたしは料理が得意です。」は，次のように言います。

> # I'm good at cooking.
> わたしは料理が得意です。

いろいろなことを「得意です」と言ってみましょう。

★得意なこと

① **playing games**
ゲームをすること

④ **playing the piano**
ピアノをひくこと

② **singing**
歌うこと

③ **dancing**
おどること

⑤ **playing the guitar**
ギターをひくこと

ほかの人について，「彼は○○が得意です」「彼女は○○が得意です」と言うときは，**I'm** のところが右のように変わります。

> # He is good at cooking.
> 彼は料理が得意です。
> # She is good at cooking.
> 彼女は料理が得意です。

基本練習

→ 答えは別さつ15ページ

1 英語を聞いて，それぞれの人物が得意なことを線でつなぎましょう。

(1)

Lisa

•

•

•

(2)

Mike

•

•

•

2 (1) 右のアレックスについて，「彼はピアノをひく
のが得意です。」と英語で言ってみましょう。

□ 言えたよ。 🔊答え

(2) あなたの得意なことを言ってみましょう。
左ページや巻末（p.83 〜）を見ながら言ってもかまいません。

□ 言えたよ。

(3) (2)で言ったことを英語で下に書きましょう。左ページや巻末を見なが
ら書いてもかまいません。

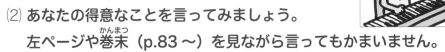
I'm good at

┗ うすい字はなぞろう。

( )

😊 できなかった問題は，復習しよう。

075

30 どんな人かを言うには？

65

最後に，友達や知り合いがどんな人なのかを伝える言い方を見てみましょう。たとえば「彼は親切です。」は，次のように言います。

He is kind.

彼は親切です。　　　←「親切な」という意味。

どんな人かを表す，いろいろな言い方を英語で聞いてみましょう。

★どんな人？

① __kind__
親切な

② __friendly__
気さくな

③ __funny__
おもしろい

④ __smart__
頭がいい

⑤ __cool__
冷静な，かっこいい

⑥ __brave__
勇気がある

⑦ __busy__
いそがしい

very という言葉を使うと，「とても」という意味を加えられます。また，「いつも」と言いたいときは **always** を使います。

He is very busy.
彼はとてもいそがしいです。

She is always kind.
彼女はいつも親切です。

1 写真の人物をしょうかいしています。それぞれどんな人か,線でつなぎましょう。答えが2つあるときは,2つつなぎましょう。🔊

- おもしろい

- 勇気がある

- 冷静な,かっこいい

- 頭がいい

2 (1) 右の写真のクミさんについて,「これは
クミです。彼女は親切です。」と英語で
言ってみましょう。

☐ 言えたよ。 🔊答え

↪ 言えたらここにチェックしよう。

(2) 言ったことを英語で下に書きましょう。左ページを見ながら書いても
かまいません。

↪ うすい字はなぞろう。

She is (　　　　　　　　　　　).

😊 できなかった問題は,復習しよう。

復習テスト 7

9章 あこがれの人

1

A・Bの英語を聞いて，それぞれの絵に合っているほうを選び，記号を○で囲みましょう。

【各6点　計36点】

(1)　A　B

(2)　A　B

(3)　A　B

(4)　A　B

(5)　A　B

(6)　A　B

2

左の単語の音声を聞いて，それぞれが表す意味を線でつなぎましょう。

【各6点　計24点】

(1) busy　　•　　　　•　頭がいい

(2) brave　　•　　　　•　おもしろい

(3) smart　　•　　　　•　いそがしい

(4) funny　　•　　　　•　勇気がある

答えは別さつ19ページ

3

メモを見ながら，写真の人物を英語でしょうかいする文を書きましょう。
下から単語を選んで書き入れましょう。

【各10点　計40点】

メモ

・名前…エミ
・料理が得意
・いつも親切

This is Emi.

（　　　　）（　　　）good at（　　　　　　　　）.

She is always（　　　　　　　）.

I　You　She　am　is　cooking　kind

ローマ字表（ヘボン式）

・英語の中で自分の名前を書くときなどに，この表を参考にしてください。
・この表は「ヘボン式」で，英語の中で書くときにふつう使われる書き方です。
・赤い文字の部分が，3年生の国語で習う「訓令式」とちがいます。

	a ア	i イ	u ウ	e エ	o オ			
ア行								
k カ行	ka カ	ki キ	ku ク	ke ケ	ko コ	kya キャ	kyu キュ	kyo キョ
s サ行	sa サ	shi シ	su ス	se セ	so ソ	sha シャ	shu シュ	sho ショ
t タ行	ta タ	chi チ	tsu ツ	te テ	to ト	cha チャ	chu チュ	cho チョ
n ナ行	na ナ	ni ニ	nu ヌ	ne ネ	no ノ	nya ニャ	nyu ニュ	nyo ニョ
h ハ行	ha ハ	hi ヒ	fu フ	he ヘ	ho ホ	hya ヒャ	hyu ヒュ	hyo ヒョ
m マ行	ma マ	mi ミ	mu ム	me メ	mo モ	mya ミャ	myu ミュ	myo ミョ
y ヤ行	ya ヤ	—	yu ユ	—	yo ヨ			
r ラ行	ra ラ	ri リ	ru ル	re レ	ro ロ	rya リャ	ryu リュ	ryo リョ
w ワ行	wa ワ	—	—	—	—			
	n ン							
g ガ行	ga ガ	gi ギ	gu グ	ge ゲ	go ゴ	gya ギャ	gyu ギュ	gyo ギョ
z ザ行	za ザ	ji ジ	zu ズ	ze ゼ	zo ゾ	ja ジャ	ju ジュ	jo ジョ
d ダ行	da ダ	ji ヂ	zu ヅ	de デ	do ド			
b バ行	ba バ	bi ビ	bu ブ	be ベ	bo ボ	bya ビャ	byu ビュ	byo ビョ
p パ行	pa パ	pi ピ	pu プ	pe ペ	po ポ	pya ピャ	pyu ピュ	pyo ピョ

書いてみよう！
単語練習ノート
〈小5〉

〈使い方〉
好きなページから始めていいよ！
書く前に声に出して読んでみよう！

小学校では，単語のつづりをおぼえて正確（せいかく）に書けないといけないわけではありません。書くことで，英語の文字や単語になれることを目標にしてください。

色

🔊 68

学習日　　月　　日

音声をお手本に単語を読み上げてから，うすい字はなぞって，1〜2回書いてみましょう。

① red
赤

② blue
青　☺ 最後の e をわすれない！

③ yellow
黄　☺ l は 2 つ！

④ green
緑

⑤ orange
オレンジ，だいだい

⑥ pink
ピンク

⑦ purple
むらさき

⑧ brown
茶

⑨ black
黒　☺ c をわすれない！

⑩ white
白

スポーツ

音声をお手本に単語を読み上げてから，うすい字はなぞって，1〜2回書いてみましょう。

tennis

テニス　🙂 n は 2 つ！

table tennis

たっ球

soccer

サッカー

baseball

野球

basketball

バスケットボール　🙂 最初を強く読むよ。

volleyball

バレーボール　🙂 最初を強く，「ヴァリボーゥ」のように読むよ。

dodgeball

ドッジボール

badminton

バドミントン　🙂 最初を強く読むよ。

swimming

水泳　🙂 m は 2 つ！

skiing

スキー

料理

音声をお手本に単語を読み上げてから，うすい字はなぞって，1～2回書いてみましょう。

①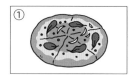

pizza

ピザ

②

hamburger

ハンバーガー　☺ 最初を強く読むよ。

③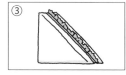

sandwich

サンドイッチ　☺ 最初を強く読むよ。

④

steak

ステーキ　☺ 発音は「ステーキ」じゃないよ。

⑤

spaghetti

スパゲッティ

⑥

curry and rice

カレーライス

⑦

salad

サラダ　☺ 発音は「サラダ」じゃないよ。

⑧

soup

スープ

⑨

fried chicken

フライドチキン

⑩

French fries

フライドポテト　☺ 最初のFは大文字！

71

単語練習ノート

音声をお手本に単語を読み上げてから，うすい字はなぞって，1～2回書いてみましょう。

①
apple
リンゴ　☺ p は 2 つ！

②
banana
バナナ　☺ まん中を強く読むよ。

③
cake
ケーキ　☺ 発音は「ケーキ」じゃないよ。

④
ice cream
アイスクリーム　☺ 最初を強く読むよ。

⑤
chocolate
チョコレート　☺ 最初を強く読むよ。

⑥
coffee
コーヒー　☺ f も e も 2 つずつ！

⑦
juice
ジュース

⑧
milk
<ruby>牛乳<rt>ぎゅうにゅう</rt></ruby>

⑨
tea
<ruby>紅茶<rt>こうちゃ</rt></ruby>

⑩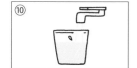
water
水

動物

音声をお手本に単語を読み上げてから，うすい字はなぞって，1〜2回書いてみましょう。

dog

犬

cat

ねこ

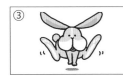
rabbit

うさぎ　☺ b は2つ！

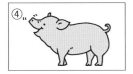
pig

ぶた

bird

鳥　☺ ir のつづりに注意！

horse

馬

monkey

さる　☺ 発音は「モンキー」じゃなくて「マンキー」に近いよ。

lion

ライオン

tiger

とら

bear

くま

家族・人

音声をお手本に単語を読み上げてから，うすい字はなぞって，1〜2回書いてみましょう。

father

父

mother

母

brother

兄・弟

sister

姉・妹

grandfather

そ ふ
祖父

grandmother

そ ぼ
祖母

classmate

クラスメイト

friend

友達　😊 i をわすれない！

boy

男の子

girl

女の子　😊 ir のつづりに注意！

月

74

音声をお手本に単語を読み上げてから，うすい字はなぞって，1〜2回書いてみましょう。

① January

1月　☺ 月の名前は，最初の1文字を大文字で書くよ。

② February

2月　☺ u をわすれない！

③ March

3月

④ April

4月

⑤ May

5月

⑥ June

6月

⑦ July

7月

⑧ August

8月

⑨ September

9月　☺ まん中を強く読むよ。

⑩ October

10月　☺ まん中を強く読むよ。

⑪ November

11月

⑫ December

12月

曜日

学習日　　月　　日

音声をお手本に単語を読み上げてから，うすい字はなぞって，1〜2回書いてみましょう。

Sunday

日曜日　☺ 曜日の名前は，最初の1文字を大文字で書くよ。

Monday

月曜日

Tuesday

火曜日

Wednesday

水曜日　☺ dnes のつづりに注意！

Thursday

木曜日　☺ ur のつづりに注意！

Friday

金曜日

Saturday

土曜日　☺ ur のつづりに注意！

089

身の回りのもの①

音声をお手本に単語を読み上げてから，うすい字はなぞって，1～2回書いてみましょう。

bag

かばん

hat

ぼうし

sweater

セーター　☺ 発音は「スウェタァ」に近いよ。

T-shirt

Tシャツ　☺ 最初のTは大文字！

umbrella

かさ　☺ まん中を強く読むよ。

watch

うで時計

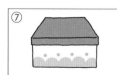
box

箱

cup

カップ

ball

ボール

racket

ラケット　☺ 最初を強く読むよ。

身の回りのもの②

音声をお手本に単語を読み上げてから，うすい字はなぞって，1～2回書いてみましょう。

①
bike
自転車

②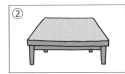
table
テーブル

③
chair
いす　😊 ai のつづりに注意！

④
pen
ペン

⑤
pencil
えんぴつ

⑥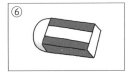
eraser
消しゴム

⑦
notebook
ノート

⑧
ruler
定規

⑨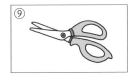
scissors
はさみ

⑩
book
本

教科

音声をお手本に単語を読み上げてから，うすい字はなぞって，1〜2回書いてみましょう。

Japanese

国語，日本語　☺ 最初の J は大文字で書くよ。

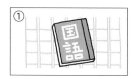

English

英語　☺ 最初の E は大文字で書くよ。

math

算数，数学

science

理科　☺ sc のつづりに注意！

social studies

社会

P.E.

体育　☺ physical education を省略した形だよ。

music

音楽

home economics

家庭科

arts and crafts

図画工作

moral education

道徳

動き・ようす

音声をお手本に単語を読み上げてから，うすい字はなぞって，1〜2回書いてみましょう。

dance

おどる

cook

料理する

swim

泳ぐ

sing

歌う

jump

ジャンプする　😊 u のつづりに注意！

good

よい

happy

うれしい

sad

悲しい

kind

親切な

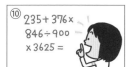

smart

頭がいい

建物・しせつ

🔊 80

学習日　月　日

音声をお手本に単語を読み上げてから，うすい字はなぞって，1〜2回書いてみましょう。

library

図書館　☺ l と r のつづりに注意！

school

学校

park

公園

station

駅

bookstore

書店

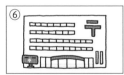
post office

ゆうびんきょく
郵便局

restaurant

レストラン　☺ au のつづりに注意！

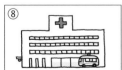
hospital

病院

police station

けいさつしょ
警察署

zoo

動物園

国名

音声をお手本に単語を読み上げてから，うすい字はなぞって，1〜2回書いてみましょう。

Japan
日本　☺ 国名の最初の1文字は大文字で書くよ。

America
アメリカ　☺ アメリカ合衆国(がっしゅうこく)のことは the U.S. や the U.S.A. ともいうよ。

Australia
オーストラリア

Canada
カナダ

China
中国

France
フランス

Korea
かん国　☺ まん中を強く読むよ。

Russia
ロシア

Spain
スペイン

the U.K.
イギリス

小5英語をひとつひとつわかりやすく。

編集協力・DTP
（株）エデュデザイン

イラスト（カバー・シール・本文）
坂木浩子

イラスト（単語練習ノート）
たむらかずみ

ブックデザイン
山口秀昭（Studio Flavor）

英文校閲
Joseph Tabolt

校正
上保匡代，小縣宏行，佐藤美穂，宮崎史子，森田桂子，脇田聡

CD録音
（財）英語教育協議会（ELEC）

ナレーション
Howard Colefield, Jennifer Okano, 水月優希

小5英語を
ひとつひとつわかりやすく。

 解答と解説

 軽くのりづけされているので,
外して使いましょう。

Gakken

03 英語の書き方のルール 本文11ページ

1 次の日本語を英語で書きましょう。大文字と小文字の使い分けに注意して正しく書きましょう。

（例）北海道

Hokkaido

(1) 東京

Tokyo

(2) さやか（人名）

Sayaka

2 音声を聞いてから，下に英語を書きましょう。大文字と小文字の使い分けやピリオドなど，書き方のルールに注意して正しく書きましょう。

(1) こんにちは。

(H)ello.
└─ 1文字入れて，あとのうすい字はなぞろう。

(2) おはようございます，あや。

(Good) morning, Aya.
└─ 単語を1つ入れよう。 └─ うすい字はなぞろう。

(3) お元気ですか。

How are you?
└─ 左ページを見ながら，1を全部書いてみよう。

(4) 元気です，ありがとう。

I'm fine, thank you.
└─ 左ページを見ながら，1を全部書いてみよう。

【読まれた英文と意味】

2 (1) Hello.（こんにちは。）

(2) Good morning, Aya.
（おはようございます，あや。）

(3) How are you?
（お元気ですか。）

(4) I'm fine, thank you.
（元気です，ありがとう。）

04 自己しょうかいをしよう！ 本文13ページ

1 3人の自己しょうかいを聞いて，それぞれの人の好きな色を日本語で書きましょう。

(1) あや 好きな色：**オレンジ色**
（日本語で書こう）

(2) けんた 好きな色：**黒**

(3) エマ 好きな色：**ピンク**

2 (1)(2)の自己しょうかいを聞いたあと，まねをして(3)で自分の名前を言いましょう。

(1) (2) (3) **Hello.**
My name is
あなたの名前 .

□ 言えたよ。
└─ 言えたらここにチェックしよう。

3 (1) 自分の好きな色について，「わたしは○○が好きです。」と英語で言ってみましょう。
□ 言えたよ。

(2) 言ったことを英語で下に書きましょう。むずかしいときは，左ページを見ながら書いてもかまいません。

（例）I like (red).
└─ うすい字はなぞろう。

【読まれた英文と意味】

1 (1) Hello. I'm Aya. I like orange.
（こんにちは。わたしはあやです。オレンジ色が好きです。）

(2) Hello. My name is Kenta. I like black.
（こんにちは。わたしはけんたです。黒が好きです。）

(3) Hello. My name is Emma. I like pink.
（こんにちは。わたしはエマです。ピンクが好きです。）

2 (1) Hello. My name is Sayaka.
（こんにちは。わたしの名前はさやかです。）

(2) Hello. My name is Alex.
（こんにちは。わたしの名前はアレックスです。）

05 名前の書き方はどう聞くの？

 本文15ページ

1 自己しょうかいの会話を聞いて，3人の名前を英語で書きましょう。

(1) 名前 Emma
↳ 英語で書こう。

(2) 名前 Mike

(3) 名前 Dolly

2 (1) スペインから来たマリオ君に，名前の書き方をたずねる文を言いましょう。
□ 言えたよ。 答え

(2) マリオ君の返事を聞いて，名前を英語で書きましょう。
名前 Mario
マリオ

3 (1) 自分の下の名前をアルファベットで書きましょう。

（例）Toshiharu

！1文字ずつゆっくり，ていねいに伝えよう！

(2) 音声を聞いて，質問にあなた自身のことを答えましょう。
□ 答えたよ。

【読まれた英文と意味】

1 (1) A: Hello. My name is Emma.
B: How do you spell your name?
A: E-M-M-A. Emma.
B: E-M-M-A. Thank you.

(2) A: Hello. My name is Mike.
B: How do you spell your name?
A: M-I-K-E. Mike.
B: M-I-K-E. Thank you.

(3) A: Hello. My name is Dolly.
B: How do you spell your name?
A: D-O-L-L-Y. Dolly.
B: D-O-L-L-Y. Thank you.

(1)～(3)の意味：こんにちは。わたしは○○です。
／名前はどう書くのですか。／○○です。／○○。ありがとう。

2 (1) How do you spell your name?
（名前はどう書くのですか。）

(2) M-A-R-I-O. Mario.
（M-A-R-I-O。マリオです。）

3 (2) How do you spell your name?
（名前はどう書くのですか。）

06 好きなものを聞くには？

 本文17ページ

1 下の人物は，あなたの好きな何を聞きたいのでしょうか。音声を聞いて，下から選んで書き入れましょう。

| 🖍 色 | 🎾 スポーツ | 🍎 果物 | 🥕 野菜 |

(1) …好きな **スポーツ** を聞きたい
↳ 日本語で書こう。

(2) …好きな **果物** を聞きたい

(3) …好きな **色** を聞きたい

(4) …好きな **野菜** を聞きたい

2 (1) 「あなたは何のスポーツが好きですか。」と英語で言ってみましょう。
□ 言えたよ。 答え
書えたらここにチェックしよう。

(2) 言ったことを英語で下に書きましょう。左ページを見ながら書いてもかまいません。

What (**sport**) do you like?
↳ うすい字はなぞろう。

【読まれた英文と意味】

1 (1) What sport do you like?
（あなたは何のスポーツが好きですか。）

(2) What fruit do you like?
（あなたは何の果物が好きですか。）

(3) What color do you like?
（あなたは何色が好きですか。）

(4) What vegetable do you like?
（あなたは何の野菜が好きですか。）

2 (1) What sport do you like?

07 数は英語でどう言うの？

本文21ページ

1 自己しょうかいを聞いて，それぞれの人の年れいを書きましょう。

(1) Aya　年れい： **9** さい
(2) Kenta　年れい： **12** さい
(3) Lisa　年れい： **13** さい
← 数字で書こう。

2 次の数字を英語で言ってみましょう。言えたら，右に英語で書きましょう。左ページを見ながら書いてもかまいません。

(1) **1**　□ 言えたよ。◀ 答え　→ 言えたらここにチェックしよう。　**one**
(2) **6**　□ 言えたよ。◀ 答え　**six**
(3) **10**　□ 言えたよ。◀ 答え　**ten**

3 (1) 自分の年れいを「わたしは○○さいです。」と英語で言ってみましょう。
□ 言えたよ。
(2) 言ったことを英語で下に書きましょう。左ページを見ながら書いてもかまいません。

（例）I'm (**eleven**)．
← うすい字はなぞろう。

【読まれた英文と意味】

1 (1) Hello.　I'm Aya.　I'm nine.
（こんにちは。わたしはあやです。9さいです。）

(2) Hello. My name is Kenta. I'm twelve.
（こんにちは。わたしの名前はけんたです。12さいです。）

(3) Hello. My name is Lisa. I'm thirteen.
（こんにちは。わたしの名前はリサです。13さいです。）

08 月ってどう言うの？

本文23ページ

1 自己しょうかいを聞いて，それぞれの人の誕生日の月を書きましょう。

(1) Jun　誕生日： **2** 月
(2) Emma　誕生日： **8** 月
(3) Mike　誕生日： **9** 月
← 数字で書こう。

2 それぞれの行事が何月にあるか，月の名前を英語で言ってみましょう。

(1) New Year's Day
(2) Children's Day
(3) the Star Festival

月の名前：
□ 言えたよ。◀ 答え　□ 言えたよ。◀ 答え　□ 言えたよ。◀ 答え
← 言えたらここにチェックしよう。

3 (1) 自分の誕生日について，「わたしの誕生日は○月です。」と英語で言ってみましょう。□ 言えたよ。
(2) 言ったことを英語で下に書きましょう。左ページを見ながら書いてもかまいません。

My birthday is in
← うすい字はなぞろう。
（例）(**May**)．

【読まれた英文と意味】

1 (1) Hello.　I'm Jun.　My birthday is in February.
（こんにちは。わたしはじゅんです。誕生日は2月です。）

(2) Hello. I'm Emma.　My birthday is in August.
（こんにちは。わたしはエマです。誕生日は8月です。）

(3) Hello.　My name is Mike.　My birthday is in September.
（こんにちは。わたしの名前はマイクです。誕生日は9月です。）

2 (1) January
（1月）
(2) May
（5月）
(3) July
（7月）

09 自分の誕生日を英語で言おう！

1 自己しょうかいを聞いて，それぞれの人の誕生日を書きましょう。

(1) Sayaka　(2) Alex　(3) Kenta

誕生日： 1 月 1 日　誕生日： 4 月 3 日　誕生日： 9 月 15 日
← 数字で書こう

2 それぞれの日付を英語で言ってみましょう。

(1) 3 月 3 日　(2) 2 月 14 日　(3) 12 月 24 日

□ 言えたよ。◀)答え　□ 言えたよ。◀)答え　□ 言えたよ。◀)答え
言えたらここにチェックしよう。

3 (1) 自分の誕生日について，「わたしの誕生日は○月○日です。」と英語で言ってみましょう。□ 言えたよ。

(2) 言ったことを英語で下に書きましょう。日にちは，1st, 2nd…などのかんたんな書き方を使ってください。

My birthday is
← うすい字はなぞろう。

（例） April （ 30th ）。

【読まれた英文と意味】

1 (1) I'm Sayaka.　My birthday is January 1st.
（わたしはさやかです。誕生日は 1 月 1 日です。）

(2) I'm Alex.　My birthday is April 3rd.
（わたしはアレックスです。誕生日は 4 月 3 日です。）

(3) I'm Kenta.　My birthday is September 15th.
（わたしはけんたです。誕生日は 9 月 15 日です。）

2 (1) March 3rd(third)

(2) February 14th(fourteenth)

(3) December 24th(twenty-fourth)

---

10 ほしいものを言うには？

1 誕生日に何がほしいかインタビューをしています。インタビューを聞いて，それぞれの人がほしいものを書きましょう。

(1) Lisa

(2) Jun

(3) Aya

ほしいもの **自転車**　ほしいもの **まんが**　ほしいもの **うで時計**
← 日本語で書こう。

2 (1) エマさんに，誕生日にほしいものを聞きましょう。
□ 言えたよ。◀)答え

(2) エマさんの答えを聞いて，エマさんのほしいものを書きましょう。

ほしいもの **かばん**
← 日本語で書こう。

3 (1) 自分が誕生日にほしいものについて，「わたしは○○がほしいです。」と英語で言ってみましょう。□ 言えたよ。

(2) 言ったことを英語で下に書きましょう。左ページを見ながら書いてもかまいません。

（例） I want a （ game ）。
← うすい字はなぞろう。

【読まれた英文と意味】

1 (1) A: I'm Lisa.（わたしはリサです。）
B: Hi, Lisa.　What do you want for your birthday?（こんにちは，リサ。誕生日には何がほしいですか。）
A: I want a bike.（自転車がほしいです。）

(2) A: I'm Jun.（わたしはじゅんです。）
B: Hi, Jun.　What do you want for your birthday?（こんにちは，じゅん。誕生日には何がほしいですか。）
A: I want a comic book.（まんががほしいです。）

(3) A: I'm Aya.（わたしはあやです。）
B: Hi, Aya.　What do you want for your birthday?（こんにちは，あや。誕生日には何がほしいですか。）
A: I want a watch.（うで時計がほしいです。）

2 (1) What do you want for your birthday?

(2) I want a bag.
（かばんがほしいです。）

11 「何時」って言うには？

本文 31 ページ

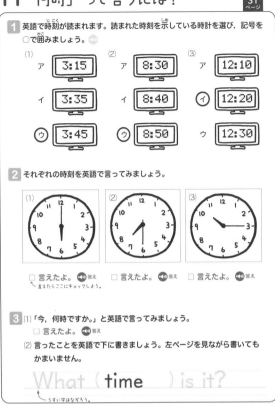

1 英語で時刻が読まれます。読まれた時刻を示している時計を選び、記号を○で囲みましょう。🔊

(1)
ア 3:15
イ 3:35
ウ 3:45

(2)
ア 8:30
イ 8:40
ウ 8:50

(3)
ア 12:10
イ 12:20
ウ 12:30

2 それぞれの時刻を英語で言ってみましょう。

(1) □ 言えたよ。🔊答え
← 言えたらここにチェックしよう。
(2) □ 言えたよ。🔊答え
(3) □ 言えたよ。🔊答え

3 (1)「今，何時ですか。」と英語で言ってみましょう。
□ 言えたよ。🔊答え
(2) 言ったことを英語で下に書きましょう。左ページを見ながら書いてもかまいません。

What（ **time** ）is it?
← うすい字はなぞろう。

【読まれた英文と意味】

1 (1) A: What time is it?
（何時ですか。）
B: It's 3:45（three forty-five）.
（3時45分です。）

(2) A: What time is it?
（何時ですか。）
B: It's 8:50（eight fifty）.
（8時50分です。）

(3) A: What time is it?
（何時ですか。）
B: It's 12:20（twelve twenty）.
（12時20分です。）

2 (1) It's 6:00（six）.
(2) It's 7:30（seven thirty）.
(3) It's 10:15（ten fifteen）.

3 (1) What time is it?

---

12 自分の1日を話そう！

本文 33 ページ

1 リサが、1日の生活についてインタビューを受けています。
インタビューを聞いて、リサが下の行動をする時間を書きましょう。🔊

Lisa
(1) 起きる時間 **6:00**
(2) 朝食の時間 **7:30**
(3) おふろの時間 **8:30**
↳ 数字で書こう。

2 次の動作を英語で言ってみましょう。言えたら、右に英語で書きましょう。
左ページを見ながら答えてもかまいません。

(1)
家に帰る
□ 言えたよ。
← 言えたらここにチェックしよう。🔊答え
go（ **home** ）
← うすい字はなぞろう。

(2)
ねる
□ 言えたよ。🔊答え
go to（ **bed** ）

3 (1) 実際に自分が起きる時間について、「わたしは○時に起きます。」と英語で言ってみましょう。
□ 言えたよ。
(2) 言ったことを英語で下に書きましょう。左ページを見ながら書いてもかまいません。

（例）I（ **get** ）（ **up** ）at（ **7:30** ）.
← うすい字はなぞろう。 ← 数字で書こう。

【読まれた英文と意味】

1 A: Hi. I'm Lisa.
（こんにちは。わたしはリサです。）

B: Hi, Lisa. What time do you get up?
（こんにちは，リサ。あなたは何時に起きますか。）

A: I get up at 6:00.
（6時に起きます。）

B: What time do you have breakfast?
（何時に朝食を食べますか。）

A: I have breakfast at 7:30.
（7時30分に食べます。）

B: What time do you take a bath?
（何時におふろに入りますか。）

A: I take a bath at 8:30.
（8時30分に入ります。）

13 教科のことを話そう！

本文35ページ

1 3人に，勉強したい教科をインタビューしました。
インタビューを聞いて，それぞれが勉強したい教科を書きましょう。

(1) あや
勉強したい教科
英語

(2) けんた
勉強したい教科
算数

(3) エマ
勉強したい教科
理科
↳日本語で書こう。

2 次の教科を英語で言ってみましょう。言えたら，右に英語で書きましょう。
左ページを見ながら答えてもかまいません。

(1) 英語　□ 言えたよ。　まえたらここにチェックしよう。　答え
English

(2) 国語　□ 言えたよ。　答え

Japanese

3 (1) 実際に自分が勉強したい教科について，「わたしは○○を勉強したいです。」と英語で言ってみましょう。
□ 言えたよ。

(2) 言ったことを英語で下に書きましょう。左ページを見ながら書いてもかまいません。

I want to study
↳うすい字はなぞろう。

（例） science

【読まれた英文と意味】

1 (1) A: Aya, what do you want to study?
(あや，何を勉強したいですか。)

B: I want to study English. I like English.
(英語を勉強したいです。英語が好きです。)

(2) A: Kenta, what do you want to study?
(けんた，何を勉強したいですか。)

B: I want to study math. I like math.
(算数を勉強したいです。算数が好きです。)

(3) A: Emma, what do you want to study?
(エマ，何を勉強したいですか。)

B: I want to study science. I like science.
(理科を勉強したいです。理科が好きです。)

---

14 曜日は何ていうの？

本文37ページ

1 英語で「きょうは○月○日。○曜日です。」と読まれます。音声を聞いて，
それぞれのカレンダーが何曜日か書きましょう。

(1) March 3日　**火** 曜日
(2) August 12日　**水** 曜日
(3) December 24日　**木** 曜日
↳日本語で書こう。

2 時間割を見ながら音声を聞いて，
何曜日の時間割について話してい
るか書きましょう。

	月	火	水
1	国語	算数	音楽
2	英語	体育	家庭科
3	社会	理科	図工

火 曜日
↳日本語で書こう。

3 次の曜日を英語で言ってみましょう。言えたら，右に英語で書きましょう。
左ページを見ながら書いてもかまいません。

(1) 日曜日　□ 言えたよ。　まえたらここにチェックしよう。　答え
Sunday

(2) 月曜日　□ 言えたよ。　答え
Monday

(3) 金曜日　□ 言えたよ。　答え
Friday

【読まれた英文と意味】

1 (1) Today is March 3rd.
It's Tuesday.
(きょうは3月3日です。火曜日です。)

(2) Today is August 12th.
It's Wednesday.
(きょうは8月12日です。水曜日です。)

(3) Today is December 24th.
It's Thursday.
(きょうは12月24日です。木曜日です。)

2 I have math, P.E. and science today.
(きょうは算数，体育と理科があります。)

15 これは何？

本文41ページ

1 英語を聞いて，「これは何ですか。」に対して何と答えているか，ア〜ウから選んで記号を○で囲みましょう。

(1) ア **eraser**（消しゴム）　イ **bag**（かばん）　ウ **hat**（ぼうし）

(2) ア **notebook**（ノート）　イ **racket**（ラケット）　ウ **desk**（つくえ）

(3) ア **bike**（自転車）　イ **pencil case**（筆箱）　ウ **watch**（うで時計）

2 絵に合うように，「これはわたしの○○です。」と英語で言ってみましょう。

(1) □ 言えたよ。 答え　(2) □ 言えたよ。 答え　(3) □ 言えたよ。 答え

↳ 言えたらここにチェックしよう。

3 (1)「これは何ですか。」と英語で言ってみましょう。
□ 言えたよ。 答え

(2) 言ったことを英語で下に書きましょう。左ページを見ながら書いてもかまいません。

(**What's**) this?

【読まれた英文と意味】

1 (1) A: What's this? （これは何ですか。）
B: It's a hat. （ぼうしです。）

(2) A: What's this? （これは何ですか。）
B: It's a notebook. （ノートです。）

(3) A: What's this? （これは何ですか。）
B: It's a watch. （うで時計です。）

2 (1) This is my bag.
（これはわたしのかばんです。）

(2) This is my eraser.
（これはわたしの消しゴムです。）

(3) This is my umbrella.
（これはわたしのかさです。）

3 (1) What's this?

---

16 できますか？

本文43ページ

1 英語を聞いて，次の2人の人物ができることをそれぞれ日本語で書きましょう。

(1) **Kenta** 　けんたができること…　| 料理 | ができる。

(2) **Lisa** 　リサができること…　| スケート | ができる。

2 絵に合わせて，「あなたは○○ができますか。」と言ってみましょう。

(1) □ 言えたよ。 答え　(2) □ 言えたよ。 答え　(3) □ 言えたよ。 答え

↳ 言えたらここにチェックしよう。

3 (1)「あなたは泳げますか。」と英語で言ってみましょう。
□ 言えたよ。 答え

(2) 言ったことを英語で下に書きましょう。左ページを見ながら書いてもかまいません。

(**Can**)(**you**) swim?

【読まれた英文と意味】

1 (1) A: Kenta, can you cook?
（けんた，料理はできますか。）
B: Yes, I can.
（はい，できます。）

(2) A: Lisa, can you ski?
（リサ，スキーはできますか。）
B: No, I can't.
（いいえ，できません。）
A: Can you skate?
（スケートはできますか。）
B: Yes, I can.
（はい，できます）

2 (1) Can you skate?
（あなたはスケートができますか。）

(2) Can you dance?
（あなたはおどれますか。）

(3) Can you play the piano?
（あなたはピアノがひけますか。）

3 (1) Can you swim?

17 こんなことができます！

本文45ページ

1 英語を聞いて，それぞれの人物ができることを日本語で書きましょう。

(1) Aya　できること… **上手に歌う** ことができる。

(2) Mike　できること… **自転車に乗る** ことができる。

(3) Eri　できること… **速く走る** ことができる。

(4) Lisa　できること… **しょうぎをする** ことができる。

2 (1) 実際に自分ができることについて，「わたしは○○ができます。」と英語で言ってみましょう。できることは，42ページと44ページの中から選んでかまいません。
　　□ 言えたよ。

(2) 言ったことを英語で下に書きましょう。42ページと44ページを見ながら書いてもかまいません。

(例) I can (run fast).
↳ うすい字はなぞろう。

【読まれた英文と意味】

1 (1) I'm Aya. I can sing well.
　　（わたしはあやです。上手に歌えます。）

(2) I'm Mike. I can ride a bike.
　　（わたしはマイクです。自転車に乗れます。）

(3) I'm Eri. I can run fast.
　　（わたしはえりです。速く走れます。）

(4) I'm Lisa. I can play shogi.
　　（わたしはリサです。しょうぎができます。）

18 これはだれ？

本文47ページ

1 英語を聞いて，写真の人物がだれなのか，日本語で書きましょう。

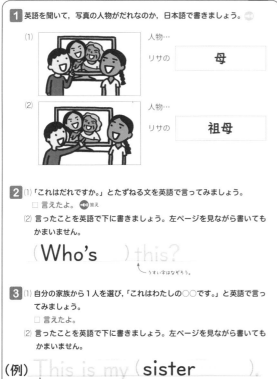

(1) リサの **母**

(2) リサの **祖母**

2 (1) 「これはだれですか。」とたずねる文を英語で言ってみましょう。
　　□ 言えたよ。 答え

(2) 言ったことを英語で下に書きましょう。左ページを見ながら書いてもかまいません。

(Who's) this?
↳ うすい字はなぞろう。

3 (1) 自分の家族から1人を選び，「これはわたしの○○です。」と英語で言ってみましょう。
　　□ 言えたよ。

(2) 言ったことを英語で下に書きましょう。左ページを見ながら書いてもかまいません。

(例) This is my (sister).
↳ うすい字はなぞろう。

【読まれた英文と意味】

1 (1) A: Lisa, who's this?
　　（リサ，これはだれですか。）
　　B: It's my mother.
　　（わたしの母です。）

(2) A: Then Lisa, who's this?
　　（じゃありサ，これはだれですか。）
　　B: It's my grandmother.
　　（わたしの祖母です。）

2 (1) Who's this?

19 あの人ができること

本文49ページ

1 それぞれの人物をしょうかいする英語を言ってみましょう。
言えたら、言ったことを英語で下に書きましょう。

(1)

・すずき先生（女性）
・速く走れる
□ 言えたよ。 📢答え

This is Ms. Suzuki.
(She) can run fast.
うすい字はなぞろう。

(2)
・あべ先生（男性）
・上手に歌える
□ 言えたよ。 📢答え

This is Mr. Abe.
(He) can sing well.

(3)
・わたしの姉
・上手におどれる
□ 言えたよ。 📢答え

This is my sister.
(She) can dance well.

【読まれた英文と意味】

1 (1) This is Ms. Suzuki.
She can run fast.
（これはすずき先生です。彼女は速く走れます。）

(2) This is Mr. Abe.
He can sing well.
（これはあべ先生です。彼は上手に歌えます。）

(3) This is my sister.
She can dance well.
（これはわたしの姉です。彼女は上手におどれます。）

---

20 行きたい国はどこ？

本文53ページ

1 英語を聞いて、それぞれの人が行きたいと言っている国を選び、記号を○で囲みましょう。📢

(1)

㋐ 日本
イ．中国
ウ．ロシア

(2)

ア．エジプト
イ．フランス
㋒ オーストラリア

(3)

ア．ブラジル
㋑ イギリス
ウ．カナダ

2 (1)「あなたはどこに行きたいですか。」と英語で言ってみましょう。
□ 言えたよ。📢答え

(2) 言ったことを英語で下に書きましょう。左ページを見ながら書いてもかまいません。

(Where) do you want to go?
うすい字はなぞろう。

3 (1) 自分が実際に行きたい国を1つ選んで、「わたしは○○に行きたいです。」と英語で言ってみましょう。
□ 言えたよ。

(2) 言ったことを英語で下に書きましょう。左ページを見ながら書いてもかまいません。

(例) I want to go to (France).

【読まれた英文と意味】

1 (1) A: Where do you want to go?
（あなたはどこに行きたいですか。）
B: I want to go to Japan.
（日本に行きたいです。）

(2) A: Where do you want to go?
（あなたはどこに行きたいですか。）
B: I want to go to Australia.
（オーストラリアに行きたいです。）

(3) A: Where do you want to go?
（あなたはどこに行きたいですか。）
B: I want to go to the U.K.
（イギリスに行きたいです。）

2 (1) Where do you want to go?

21 何をしたい？

本文55ページ

1 英語を聞いて，それぞれの人が行きたい国としたいことを下から選び，記号を書きましょう。

(1) 行きたい国：**イ** / したいこと：**ウ**
(2) 行きたい国：**ウ** / したいこと：**ア**
(3) 行きたい国：**ア** / したいこと：**イ**

(行きたい国)
ア アメリカ
イ イタリア
ウ エジプト

(したいこと)
ア / イ / ウ

2 (1) 自分が外国で食べたいものを，「わたしは○○が食べたいです。」と英語で言ってみましょう。
□ 言えたよ。
(2) 言ったことを英語で下に書きましょう。左ページを見ながら書いてもかまいません。

(例) I want to (eat) (pizza).

【読まれた英文と意味】

1 (1) I want to go to Italy. I want to eat pizza.
(わたしはイタリアに行きたいです。ピザが食べたいです。)

(2) I want to go to Egypt. I want to see the pyramids.
(わたしはエジプトに行きたいです。ピラミッドが見たいです。)

(3) I want to go to America. I want to eat hamburgers.
(わたしはアメリカに行きたいです。ハンバーガーが食べたいです。)

---

22 どこにある？

本文57ページ

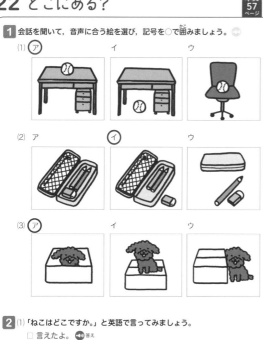

1 会話を聞いて，音声に合う絵を選び，記号を○で囲みましょう。

(1) ⓐ イ ウ
(2) ア ⓘ ウ
(3) ⓐ イ ウ

2 (1) 「ねこはどこですか。」と英語で言ってみましょう。
□ 言えたよ。 答え
(2) 言ったことを英語で下に書きましょう。左ページを見ながら書いてもかまいません。

(Where) (is) the cat?
→うすい字はなぞろう。

【読まれた英文と意味】

1 (1) A: Where is the ball?
(ボールはどこですか。)
B: It's on the desk.
(つくえの上です。)

(2) A: Where is the eraser?
(消しゴムはどこですか。)
B: It's by the pencil case.
(筆箱のそばです。)

(3) A: Where is the dog?
(犬はどこですか。)
B: It's in the box.
(箱の中です。)

2 (1) Where is the cat?

23 道を聞くには？ 本文59ページ

1 質問とA・B・Cの答えが読まれます。地図に合う答えを選び，記号を○で囲みましょう。

(Ⓐ ・ B ・ C)

2 英語を聞いて，何の場所を聞いているか選び，記号を○で囲みましょう。

(1) ア 郵便局　イ スーパー　ウ 学校

(2) ア 消防署　イ 警察署　ウ 駅

(3) ア 病院　イ デパート　ウ コンビニ

【読まれた英文と意味】

1 Excuse me. Where is the park?
（すみません。公園はどこですか。）

A. It's by the post office.
（郵便局のそばです。）

B. It's by the hospital.
（病院のそばです。）

C. It's by the convenience store.
（コンビニエンスストアのそばです。）

2 (1) Excuse me. Where is the school?
（すみません。学校はどこですか。）

(2) Excuse me. Where is the station?
（すみません。駅はどこですか。）

(3) Excuse me. Where is the convenience store?
（すみません。コンビニエンスストアはどこですか。）

---

24 道案内をしよう！① 本文61ページ

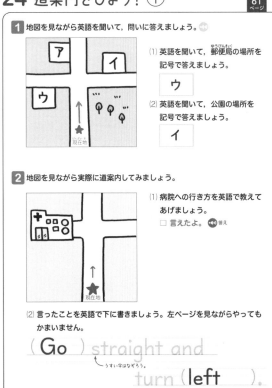

1 地図を見ながら英語を聞いて，問いに答えましょう。

(1) 英語を聞いて，郵便局の場所を記号で答えましょう。
ウ

(2) 英語を聞いて，公園の場所を記号で答えましょう。
イ

2 地図を見ながら実際に道案内してみましょう。

(1) 病院への行き方を英語で教えてあげましょう。
□ 言えたよ。　答え

(2) 言ったことを英語で下に書きましょう。左ページを見ながらやってもかまいません。

(Go) straight and
→うすい字はなぞろう。
turn (left).

【読まれた英文と意味】

1 (1) A: Where is the post office?
（郵便局はどこですか。）

B: Go straight and turn left. It's on your left.
（まっすぐ行って左に曲がってください。あなたの左側にあります。）

(2) A: Where is the park?
（公園はどこですか。）

B: Go straight and turn right. It's on your left.
（まっすぐ行って右に曲がってください。あなたの左側にあります。）

2 (1) Go straight and turn left.
（まっすぐ行って左に曲がってください。）

25 道案内をしよう！②

本文63ページ

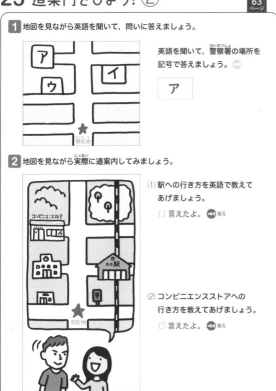

1 地図を見ながら英語を聞いて，問いに答えましょう。

英語を聞いて，警察署の場所を記号で答えましょう。

ア

2 地図を見ながら実際に道案内してみましょう。

(1) 駅への行き方を英語で教えてあげましょう。
□ 言えたよ。 答え

(2) コンビニエンスストアへの行き方を教えてあげましょう。
□ 言えたよ。 答え

【読まれた英文と意味】

1 A: Excuse me. Where is the police station?
（すみません。警察署はどこですか。）

B: Go straight for two blocks and turn left.
（2ブロックまっすぐ行って左に曲がってください。）

2 (1) Go straight for one block and turn right.
（1ブロックまっすぐ行って右に曲がってください。）

(2) Go straight for two blocks and turn left.
（2ブロックまっすぐ行って左に曲がってください。）

26 何がほしいですか？

本文67ページ

1 それぞれの人が何をほしいと言っているのか，線でつなぎましょう。

2 (1)「あなたは何がほしいですか。」と，ていねいに質問する英語を言ってみましょう。 □ 言えたよ。 答え
(2) 言ったことを英語で下に書きましょう。

(What) would you like?
うすい字はなぞろう。

3 (1) 左ページから実際にほしいものを1つ選んで，「○○がほしいです。」とていねいに言ってみましょう。 □ 言えたよ。
(2) 言ったことを英語で下に書きましょう。左ページを見ながら書いてもかまいません。

(例) I'd like (grilled fish).

【読まれた英文と意味】

1 (1) A: What would you like?
（何になさいますか。）

B: I'd like curry and rice.
（カレーライスがほしいです。）

(2) A: What would you like?
（何になさいますか。）

B: I'd like grilled fish.
（焼き魚がほしいです。）

(3) A: What would you like?
（何になさいますか。）

B: I'd like French fries.
（フライドポテトがほしいです。）

2 (1) What would you like?

13

27 大きい数はどう言うの？

本文69ページ

1 自己しょうかいを聞いて、それぞれの人物の年れいを書きましょう。

(1) Seiya	(2) Nozomi	(3) Takeshi
年れい：**29** さい	年れい：**35** さい	年れい：**47** さい

↪数字で書こう。

2 次の数を英語で言ってみましょう。

(1) 99　□言えたよ。◀》答え
↪言えたらここにチェックしよう。

(2) 333　□言えたよ。◀》答え

(3) 500　□言えたよ。◀》答え

(4) 634　□言えたよ。◀》答え

(5) 980　□言えたよ。◀》答え

【読まれた英文と意味】

1 (1) Hello. I'm Seiya. I'm twenty-nine.
（こんにちは。わたしはせいやです。29さいです。）

(2) Hello. I'm Nozomi. I'm thirty-five.
（こんにちは。わたしはのぞみです。35さいです。）

(3) Hello. I'm Takeshi. I'm forty-seven.
（こんにちは。わたしはたけしです。47さいです。）

2 (1) ninety-nine

(2) three hundred and thirty-three

(3) five hundred

(4) six hundred and thirty-four

(5) nine hundred and eighty

---

28 ねだんを聞くには？

本文71ページ

1 英語を聞いて，次のそれぞれの料理のねだんを書きましょう。

(1)	(2)	(3)
500 円	**850** 円	**420** 円

↪数字で書こう

(4)	(5)	(6)
610 円	**250** 円	**980** 円

2 (1)「これはいくらですか。」と英語で言ってみましょう。
　□言えたよ。◀》答え

(2) 言ったことを英語で下に書きましょう。左ページを見ながら書いてもかまいません。

(How) (much) is this?

↪うすい字はなぞろう。

【読まれた英文と意味】

1 (1) A: How much is the fried chicken?
（フライドチキンはいくらですか。）
B: It's 500(five hundred) yen. (500円です。)

(2) A: How much is the curry and rice?（カレーライスはいくらですか。）
B: It's 850(eight hundred and fifty) yen. (850円です。)

(3) A: How much is the sandwich? (サンドイッチはいくらですか。)
B: It's 420(four hundred and twenty) yen. (420円です。)

(4) A: How much is the grilled fish? (焼き魚はいくらですか。)
B: It's 610(six hundred and ten) yen. (610円です。)

(5) A: How much is the soup? (スープはいくらですか。)
B: It's 250(two hundred and fifty) yen. (250円です。)

(6) A: How much is the steak? (ステーキはいくらですか。)
B: It's 980(nine hundred and eighty) yen. (980円です。)

2 (1) How much is this?

29 得意なことを言うには？

本文
75
ページ

1 英語を聞いて，それぞれの人物が得意なことを線でつなぎましょう。

2 (1) 右のアレックスについて，「彼はピアノをひくのが得意です。」と英語で言ってみましょう。

□ 言えたよ。 **答え**

(2) あなたの得意なことを言ってみましょう。
左ページや巻末（p.83〜）を見ながら言ってもかまいません。

□ 言えたよ。

(3) (2)で言ったことを英語で下に書きましょう。左ページや巻末を見ながら書いてもかまいません。

I'm good at
うすい字はなぞろう。

（例）（ cooking ）。

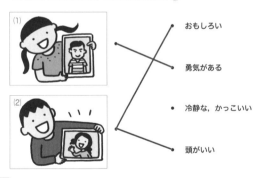

【読まれた英文と意味】

1 (1) I'm Lisa．I'm good at playing the guitar.
（わたしはリサです。ギターをひくのが得意です。）

(2) I'm Mike．I'm good at singing.
（わたしはマイクです。歌うことが得意です。）

2 (1) He is good at playing the piano.

---

30 どんな人かを言うには？

本文
77
ページ

1 写真の人物をしょうかいしています。それぞれどんな人か，線でつなぎましょう。答えが2つあるときは，2つつなぎましょう。

おもしろい

勇気がある

冷静な，かっこいい

頭がいい

2 (1) 右の写真のクミさんについて，「これはクミ。彼女は親切です。」と英語で言ってみましょう。

□ 言えたよ。 **答え**
言えたらここにチェックしよう。

(2) 言ったことを英語で下に書きましょう。左ページを見ながら書いてもかまいません。

This is Kumi.
うすい字はなぞろう。
She is （ kind ）。

【読まれた英文と意味】

1 (1) This is Carl．He is brave.
（これはカールです。彼は勇気があります。）

(2) This is Erika．She is smart and funny.
（これはエリカです。彼女は頭がよくておもしろいです。）

2 (1) This is Kumi．She is kind.

1
(1) D (2) G (3) M
(4) Q (5) W

2
(1) a (2) f (3) i
(4) j (5) l (6) p
(7) r (8) y

ポイント 書く位置に注意しましょう。

3 好きなスポーツ

【読まれた英文】

A: Hello. My name is Jim.
（こんにちは。わたしの名前はジムです。）

B: Hello, Jim. I'm Sakura. What sport do you like, Jim?
（こんにちは, ジム。わたしはさくらです。何のスポーツが好きですか, ジム。）

A: I like soccer. What sport do you like, Sakura?
（わたしはサッカーが好きです。何のスポーツが好きですか, さくら。）

B: I like tennis. （わたしはテニスが好きです。）

4 名前：Alex
好きな色：**緑**

【読まれた英文】

A: Hello. What's your name?
（こんにちは。あなたの名前は何ですか。）

B: My name is Alex.
（わたしの名前はアレックスです。）

A: How do you spell your name?
（名前はどう書くのですか。）

B: A-L-E-X. Alex.
（A-L-E-X。アレックスです。）

A: A-L-E-X. Thank you, Alex. What color do you like?
（A-L-E-X。ありがとう, アレックス。何色が好きですか。）

B: Hmm, I like green. （ええと, 緑が好きです。）

A: Green! I like green, too!
（緑！ わたしも緑が好きです！）

1
(1) 12 (2) 20 (3) 8
(4) 13 (5) 30 (6) 15

2
(1) A (2) C (3) B

【読まれた英文】

(1) A. May 2nd （5月2日）
B. June 3rd （6月3日）
C. July 4th （7月4日）

(2) A. February 2nd （2月2日）
B. March 2nd （3月2日）
C. April 2nd （4月2日）

(3) A. July 5th （7月5日）
B. July 15th （7月15日）
C. July 25th （7月25日）

3 (1) December (2) October (3) March

【読まれた英文】

(1) Christmas is in December.
（クリスマスは12月にあります。）

(2) Halloween is in October.
（ハロウィーンは10月にあります。）

(3) The Dolls' Festival is in March.
（ひなまつりは3月にあります。）

4 年れい：**14さい**　誕生日：**5月5日**
ほしいもの：**自転車**

【読まれた英文】

A: Mike, how old are you?
（マイク, 年はいくつですか。）

B: I'm fourteen.
（14さいです。）

A: Fourteen.
（14さい。）

B: Yes. My birthday is May 5th.
（はい。誕生日は5月5日です。）

A: May 5th. What do you want for your birthday, Mike?
（5月5日。誕生日には何がほしいですか, マイク？）

B: I want a bike.
（自転車がほしいです。）

A: A bike. That's nice!
（自転車。それはすてきですね！）

1 (1) A　(2) B　(3) C
　(4) B　(5) A

【読まれた英文】

(1) A. It's 11:00(eleven).
　　B. It's 11:30(eleven thirty).
　　C. It's 12:00(twelve).
(2) A. It's 9:10(nine ten).
　　B. It's 9:20(nine twenty).
　　C. It's 9:30(nine thirty).
(3) A. It's 7:15(seven fifteen).
　　B. It's 7:30(seven thirty).
　　C. It's 7:45(seven forty-five).
(4) A. It's Sunday. (日曜日です。)
　　B. It's Monday. (月曜日です。)
　　C. It's Tuesday. (火曜日です。)
(5) A. It's Wednesday. (水曜日です。)
　　B. It's Thursday. (木曜日です。)
　　C. It's Friday. (金曜日です。)

2 (1) 国語　(2) 理科　(3) 算数　(4) 音楽

3 起きる時間：6:00　ねる時間：9:30

【読まれた英文】

A: Sayaka, what time do you get up?
　(さやか，あなたは何時に起きますか。)
B: I get up at 6:00. (6時に起きます。)
A: What time do you go to school?
　(何時に学校に行きますか。)
B: I go to school at 8:30.(8時30分に行きます。)
A: What time do you go to bed?
　(何時にねますか。)
B: I go to bed at 9:30.(9時30分にねます。)

4 月曜日：国語・理科・英語
　火曜日：体育・音楽・社会

【読まれた英文】

A: Kenta, what do you have on Mondays?
　(けんた，月曜日には何がありますか。)
B: I have Japanese, science and English. (国語と理科と英語があります。)
A: OK. What do you have on Tuesdays? (OK。火曜日には何がありますか。)
B: On Tuesdays, I have P.E., music and social studies.
　(火曜日には体育と音楽と社会があります。)

1 (1) イ
　(2) ア

【読まれた英文】

(1) A: What's this?
　(これは何ですか。)
　B: It's an eraser.
　(消しゴムです。)
(2) A: What's this?
　(これは何ですか。)
　B: It's a pencil case.
　(筆箱です。)

2 (1) 母　(2) 祖母(そぼ)　(3) 兄・弟　(4) 姉・妹

3 (1) 人物…イ　できること…イ
　(2) 人物…イ　できること…ア

【読まれた英文】

(1) A: Who's this?
　(これはだれですか。)
　B: It's my grandfather. He can sing well.
　(わたしの祖父です。彼(かれ)は上手に歌えます。)
(2) A: Who's this?
　(これはだれですか。)
　B: It's my sister. She can run fast.
　(わたしの姉です。彼女(かのじょ)は速く走れます。)

1 (1) A (2) A (3) B

【読まれた英文】

(1) Where is the cat? (ねこはどこにいますか。)
A. It's under the chair. (いすの下にいます。)
B. It's on the chair. (いすの上にいます。)

(2) Where's the racket? (ラケットはどこにありますか。)
A. It's in the box. (箱の中にあります。)
B. It's by the box. (箱のそばにあります。)

(3) Where's the watch? (うで時計はどこにありますか。)
A. It's under the desk. (つくえの下にあります。)
B. It's on the desk. (つくえの上にあります。)

2 (1) Alex … イタリア … ピザ
(2) Lisa … オーストラリア … カンガルー
(3) Emma … インド … カレー

【読まれた英文】

(1) I'm Alex. I want to go to Italy. I want to eat pizza. (わたしはアレックスです。イタリアに行きたいです。ピザを食べたいです。)

(2) I'm Lisa. I want to go to Australia. I want to see kangaroos. (わたしはリサです。オーストラリアに行きたいです。カンガルーを見たいです。)

(3) I'm Emma. I want to go to India. I want to eat curry. (わたしはエマです。インドに行きたいです。カレーを食べたいです。)

3 (1) ウ (2) イ

【読まれた英文】

(1) A: Where is the hospital? (病院はどこですか。)
B: Go straight for one block and turn left. (1ブロックまっすぐ行って左に曲がってください。)

(2) A: Where is the school? (学校はどこですか。)
B: Go straight for two blocks and turn right. (2ブロックまっすぐ行って右に曲がってください。)

1 (1) 99 (2) 52 (3) 200
(4) 610 (5) 45 (6) 72

2 (1) ア (2) ア (3) イ

【読まれた英文】

(1) A: How much is the grilled fish? (焼き魚はいくらですか。)
B: It's 820(eight hundred and twenty) yen. (820円です。)

(2) A: How much is the rice? (ライスはいくらですか。)
B: It's 230(two hundred and thirty) yen. (230円です。)

(3) A: How much is the yogurt? (ヨーグルトはいくらですか。)
B: It's 190(one hundred and ninety) yen. (190円です。)

3 (1) けんた…アイスクリーム…280円
(2) さやか…ピザ…660円
(3) アレックス…カレーライス…950円
(4) エマ…ケーキ…320円

【読まれた英文】

(1) A: Kenta, what would you like? (けんた, 何がほしいですか。)
B: I'd like ice cream. (アイスクリームがほしいです。)
A: It's 280(two hundred and eighty) yen. (280円です。)

(2) A: Sayaka, what would you like? (さやか, 何がほしいですか。)
B: I'd like pizza. (ピザがほしいです。)
A: It's 660(six hundred and sixty) yen. (660円です。)

(3) A: Alex, what would you like? (アレックス, 何がほしいですか。)
B: I'd like curry and rice. (カレーライスがほしいです。)
A: It's 950(nine hundred and fifty) yen. (950円です。)

(4) A: Emma, what would you like? (エマ, 何がほしいですか。)
B: I'd like cake. (ケーキがほしいです。)
A: It's 320(three hundred and twenty) yen. (320円です。)

1
(1) B   (2) A   (3) A
(4) B   (5) A   (6) B

【読まれた英文】

(1) A. I'm good at singing.
　　　(わたしは歌うことが得意です。)
　　B. I'm good at playing tennis.
　　　(わたしはテニスをするのが得意です。)

(2) A. I'm good at dancing.
　　　(わたしはおどることが得意です。)
　　B. I'm good at playing the piano.
　　　(わたしはピアノをひくのが得意です。)

(3) A. I'm good at playing shogi.
　　　(わたしはしょうぎをすることが得意です。)
　　B. I'm good at speaking English.
　　　(わたしは英語を話すのが得意です。)

(4) A. I'm good at skiing.
　　　(わたしはスキーをするのが得意です。)
　　B. I'm good at skating.
　　　(わたしはスケートをするのが得意です。)

(5) A. I'm good at playing games.
　　　(わたしはゲームをすることが得意です。)
　　B. I'm good at playing cards.
　　　(わたしはトランプをするのが得意です。)

(6) A. I'm good at playing the guitar.
　　　(わたしはギターをひくことが得意です。)
　　B. I'm good at cooking.
　　　(わたしは料理をするのが得意です。)

2
(1) いそがしい   (2) 勇気がある
(3) 頭がいい   (4) おもしろい

3
This is Emi.
(これはエミです。)
She is good at cooking.
(彼女は料理が得意です。)
She is always kind.
(彼女はいつも親切です。)